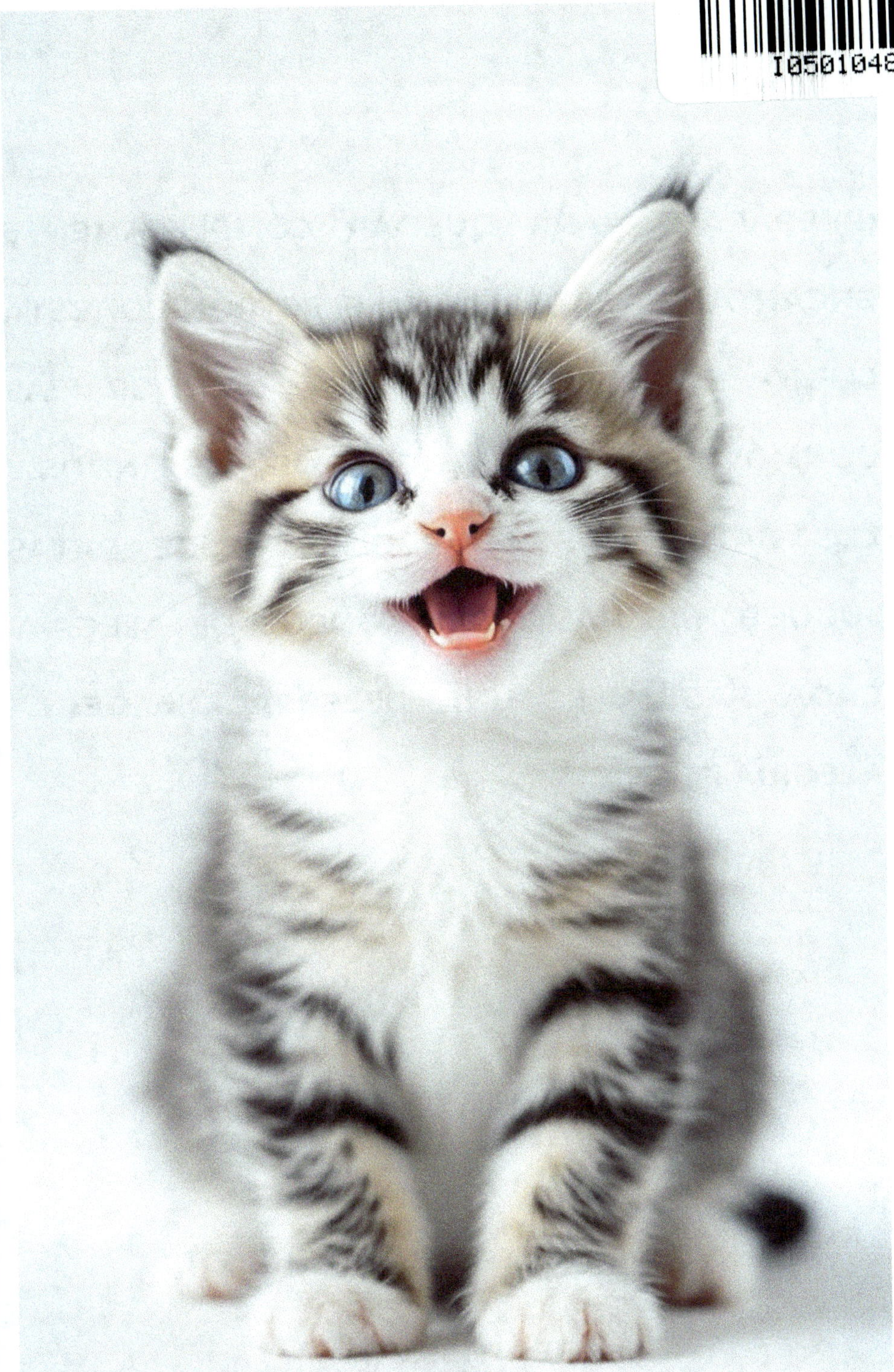

¡PREPÁRATE PARA QUEDAR COMPLETAMENTE ENCANTADO! ESTE LIBRO ELECTRÓNICO ESTÁ LLENO DE POESIAS Y DE FOTOGRAFÍAS CONMOVEDORAS DE LOS GATITOS MÁS LINDOS Y LOS GATOS MÁS ADORABLES. DESDE PATAS JUGUETONAS HASTA RONRONEOS DE ALEGRÍA, CADA PÁGINA ES UNA CELEBRACIÓN DE LA ALEGRÍA FELINA.

AUTOR : MATTHIEU BERTHELOT

BERTH99.COM

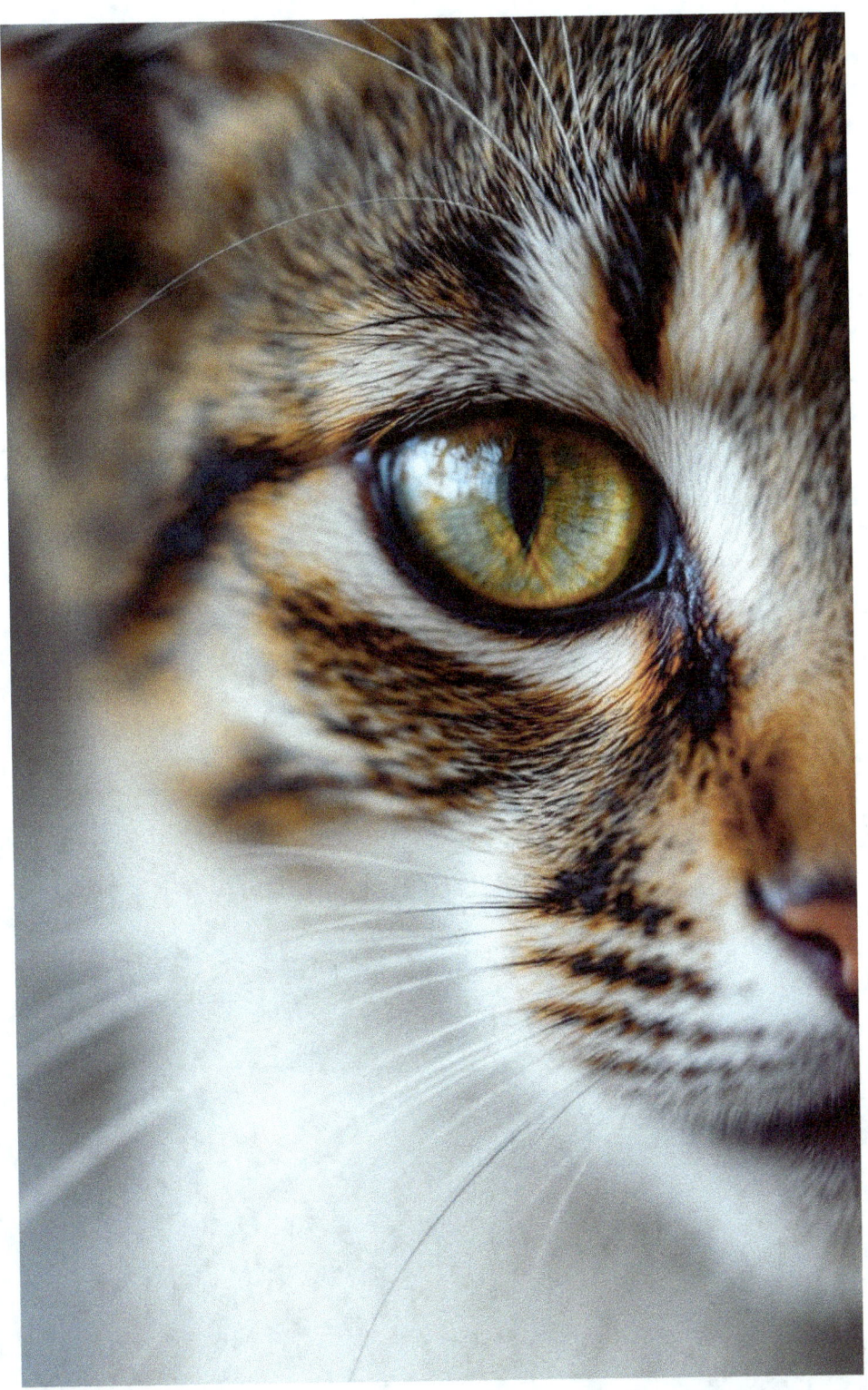

BAJO EL SOL DORMIDO

GATITO EN LA VENTANA,

SU COLA DANZA EN SUEÑOS,

LA LUZ DEL SOL LO BAÑA,

Y EN SUS OJOS, REFLEJOS.

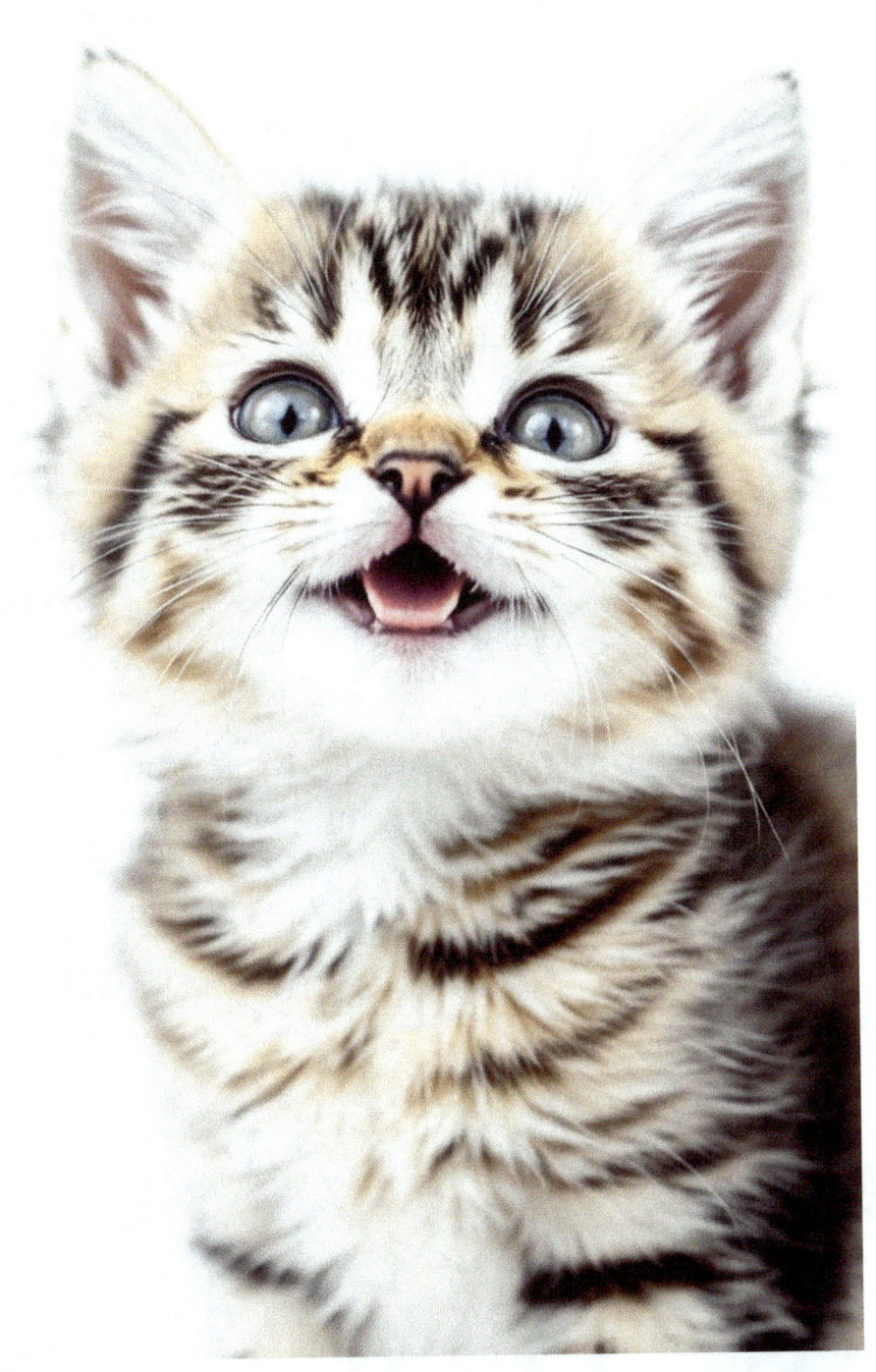

CAMINOS DE TERCIOPELO

POR LA SENDA DEL SALÓN,

PASA EL GATO SIGILOSO,

CON SUS PASOS SILENCIOSOS,

DEJA HUELLAS DE ALGODÓN.

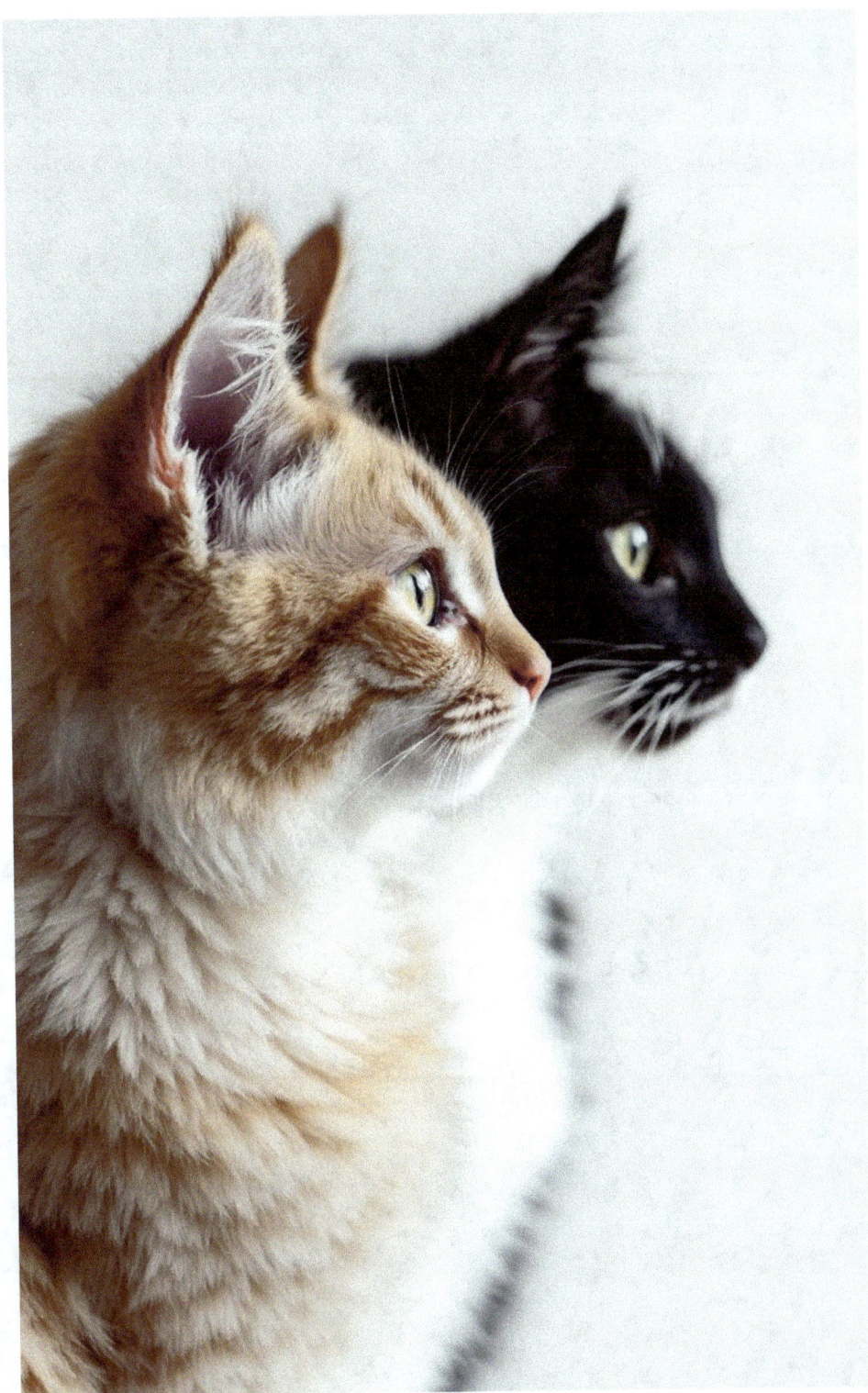

EL SUSURRO DEL RÍO

UN RONRONEO SUENA,

CANCIÓN DE RÍO MANSO,

BAJO LA LUNA LLENA,

ES SU MUNDO TAN VASTO.

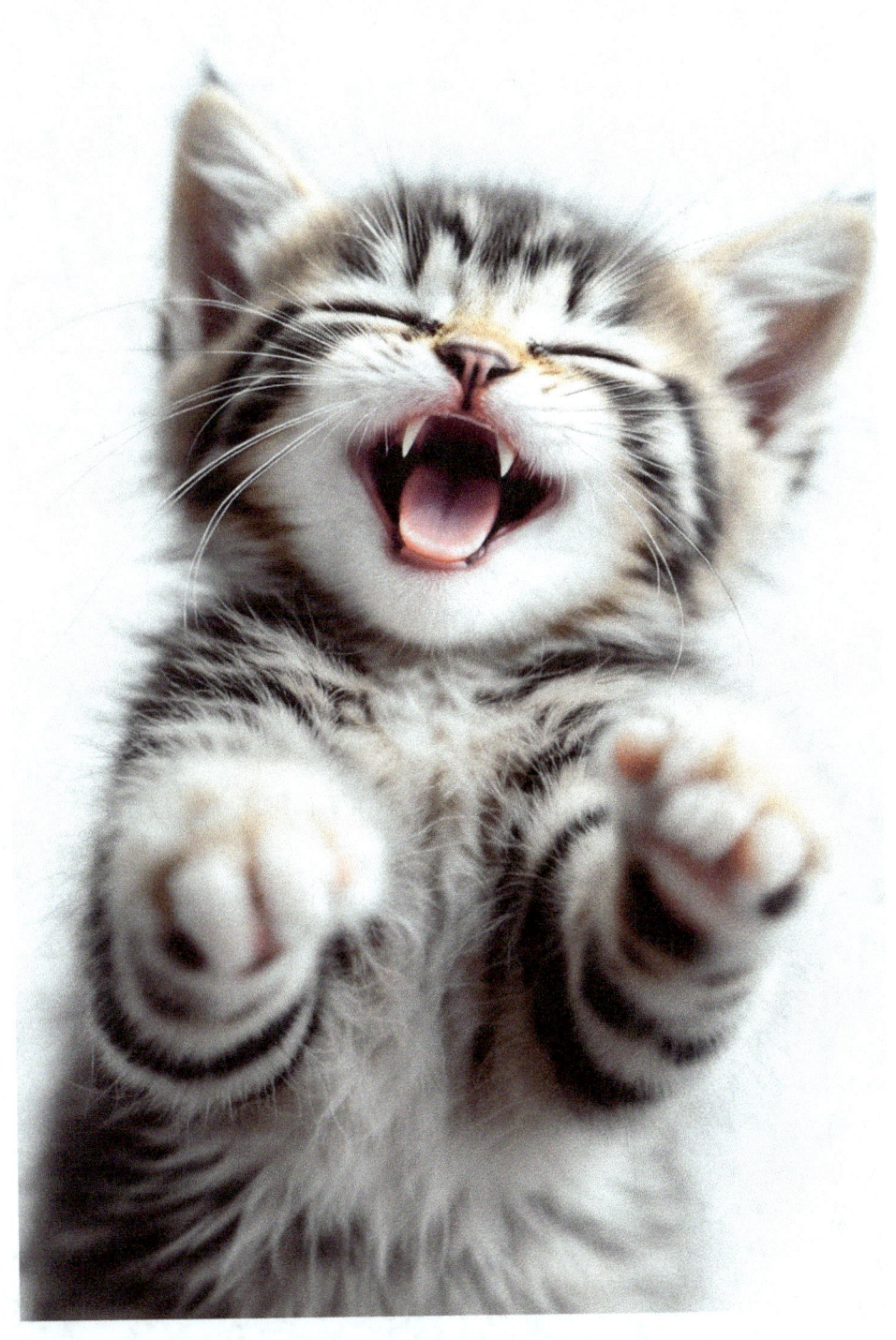

LA DANZA DE LAS HOJAS

ENTRE LAS HOJAS CAÍDAS,

SALTA EL GATO JUGUETÓN,

COMO UNA BRISA PERDIDA,

PERSIGUE SU ILUSIÓN.

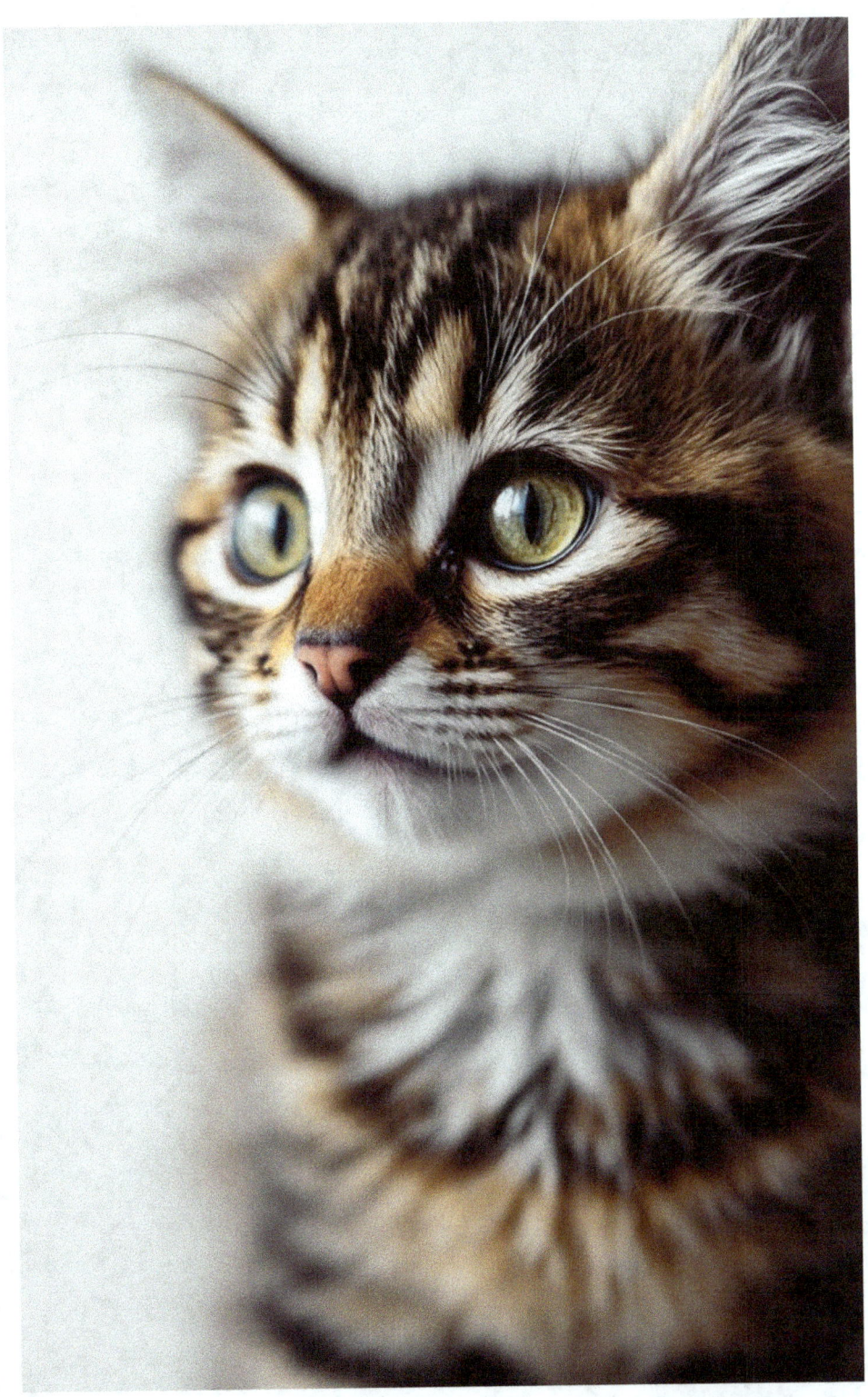

EL RINCÓN SECRETO

EN UN RINCÓN OSCURO,

DONDE EL TIEMPO NO PASA,

EL GATITO MURMURA,

SUS SUEÑOS EN LA CASA.

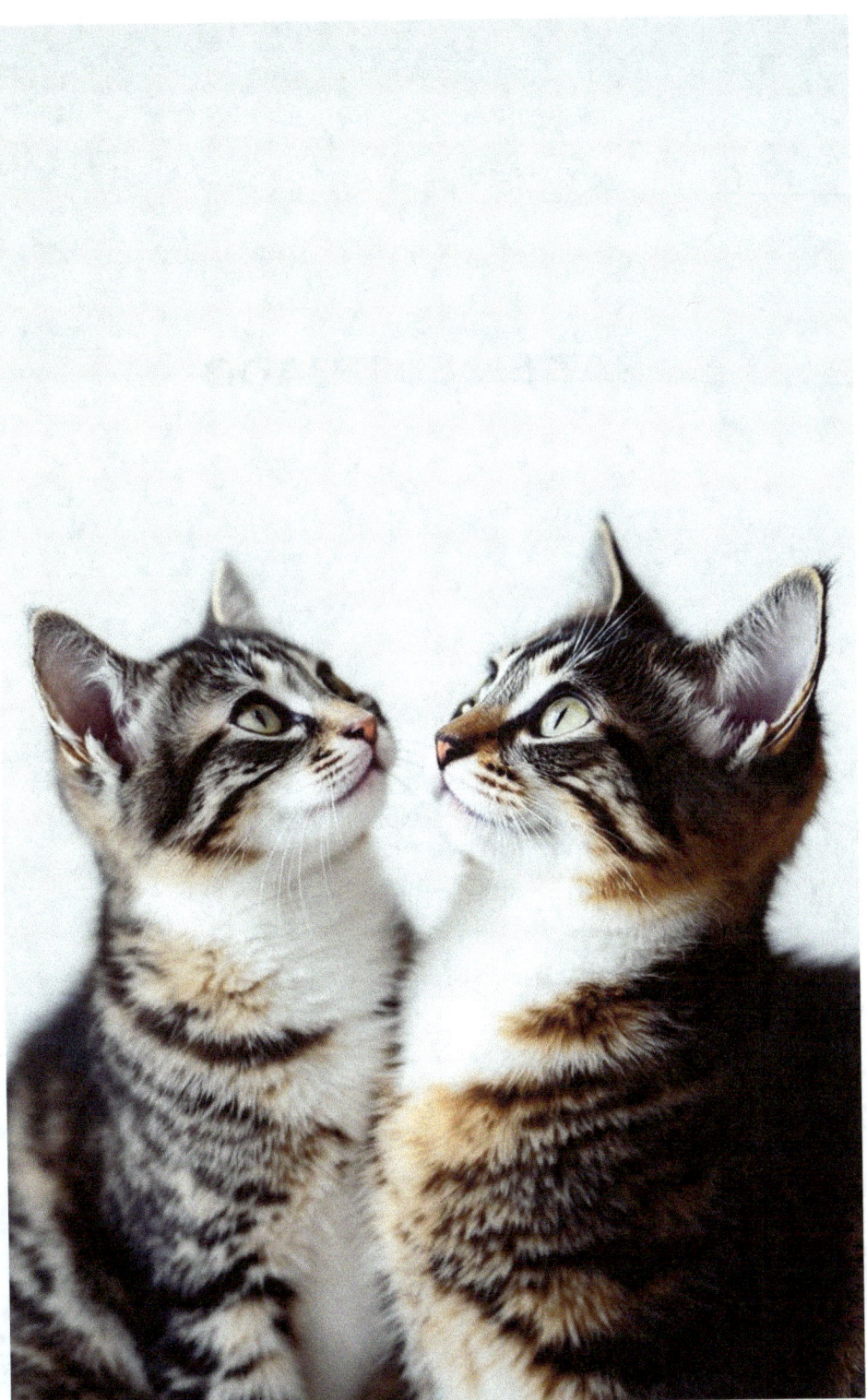

PAZ EN EL TEJADO

SOBRE EL VIEJO TEJADO,

SE RECUESTA EL GATO BLANCO,

MIRANDO EL CIELO CALLADO,

SU ALMA SE QUEDA EN BLANCO.

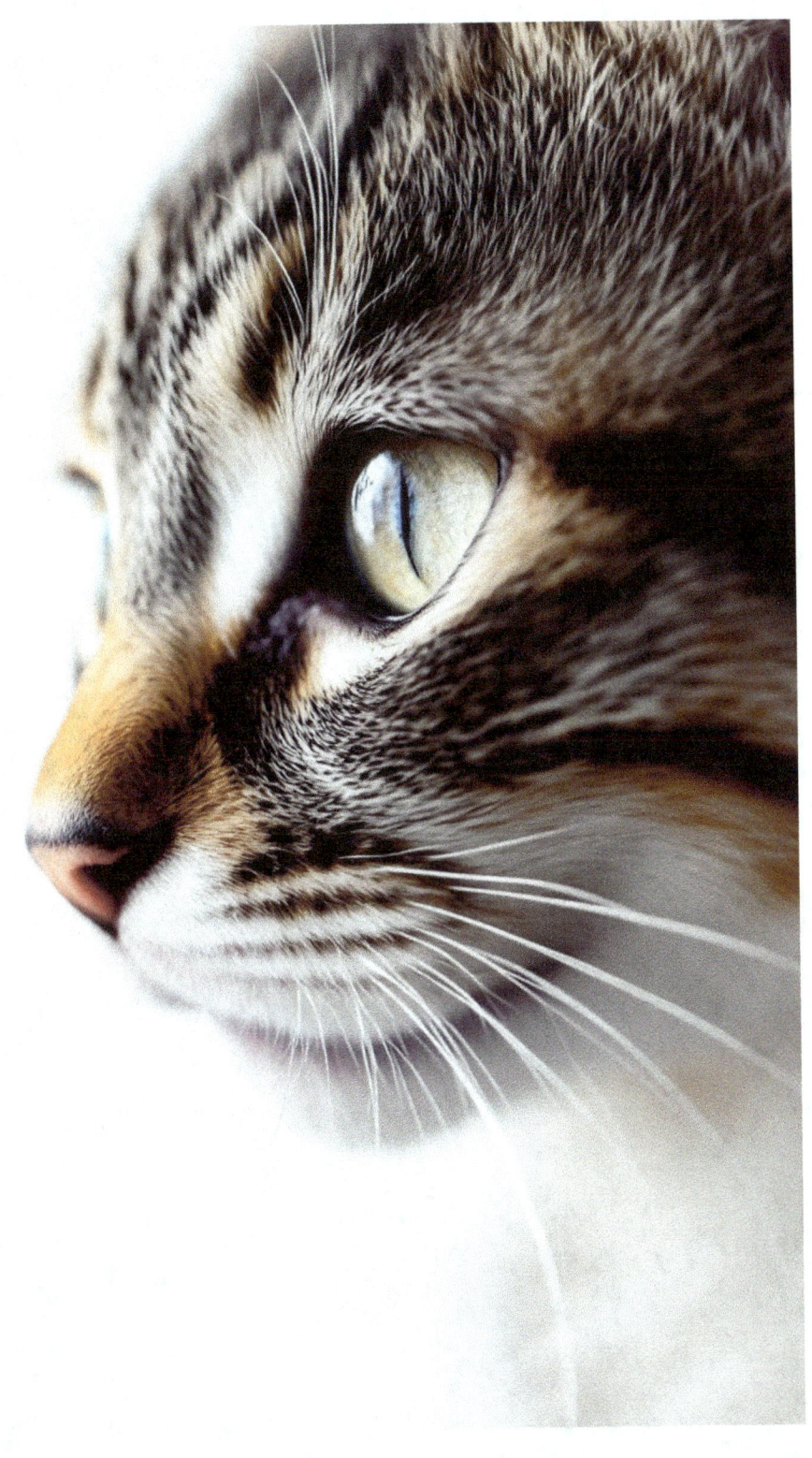

EL ECO DEL JUEGO

GARRAS QUE ARAÑAN EL VIENTO,

OJOS QUE ATRAPAN LA LUZ,

UN SALTO CONTRA EL MOMENTO,

Y UN MUNDO SIN INQUIETUD.

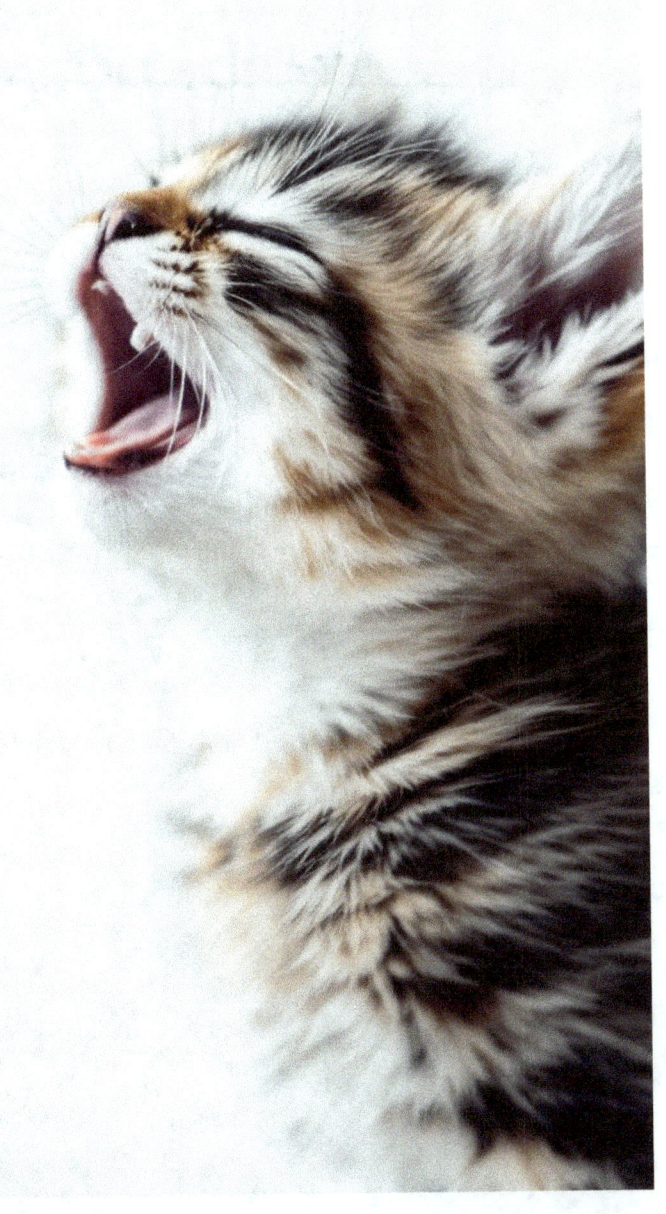

LA TARDE DORADA

EN LA TARDE SERENA,

BAJO UN ÁRBOL EN FLOR,

EL GATITO SE ENREDA

EN UN SUEÑO DE AMOR.

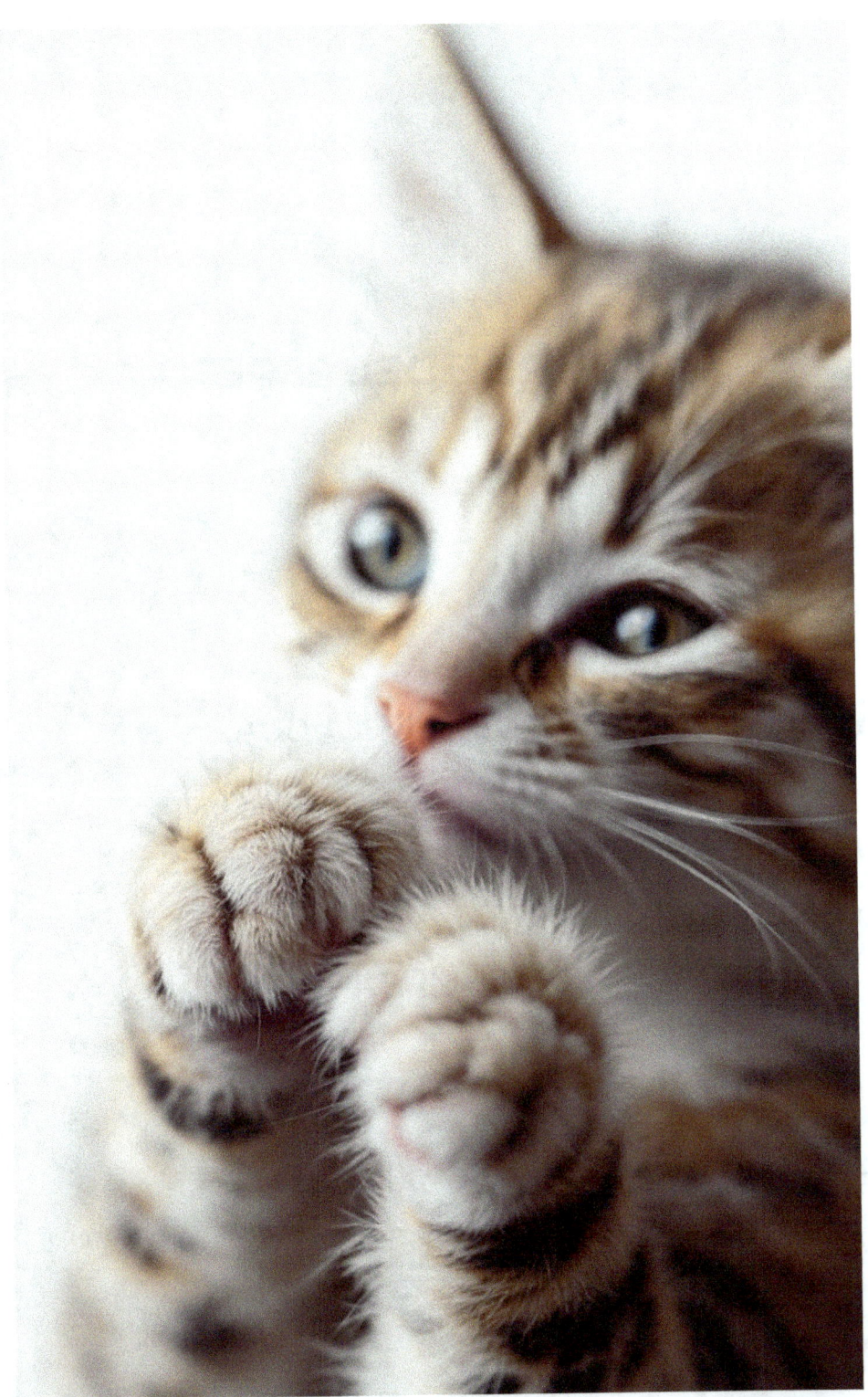

AL BORDE DEL ESPEJO

EL REFLEJO DEL AGUA,

MUESTRA UN MUNDO ESCONDIDO,

DONDE EL GATO CALLADO,

JUEGA COMO UN NIÑO.

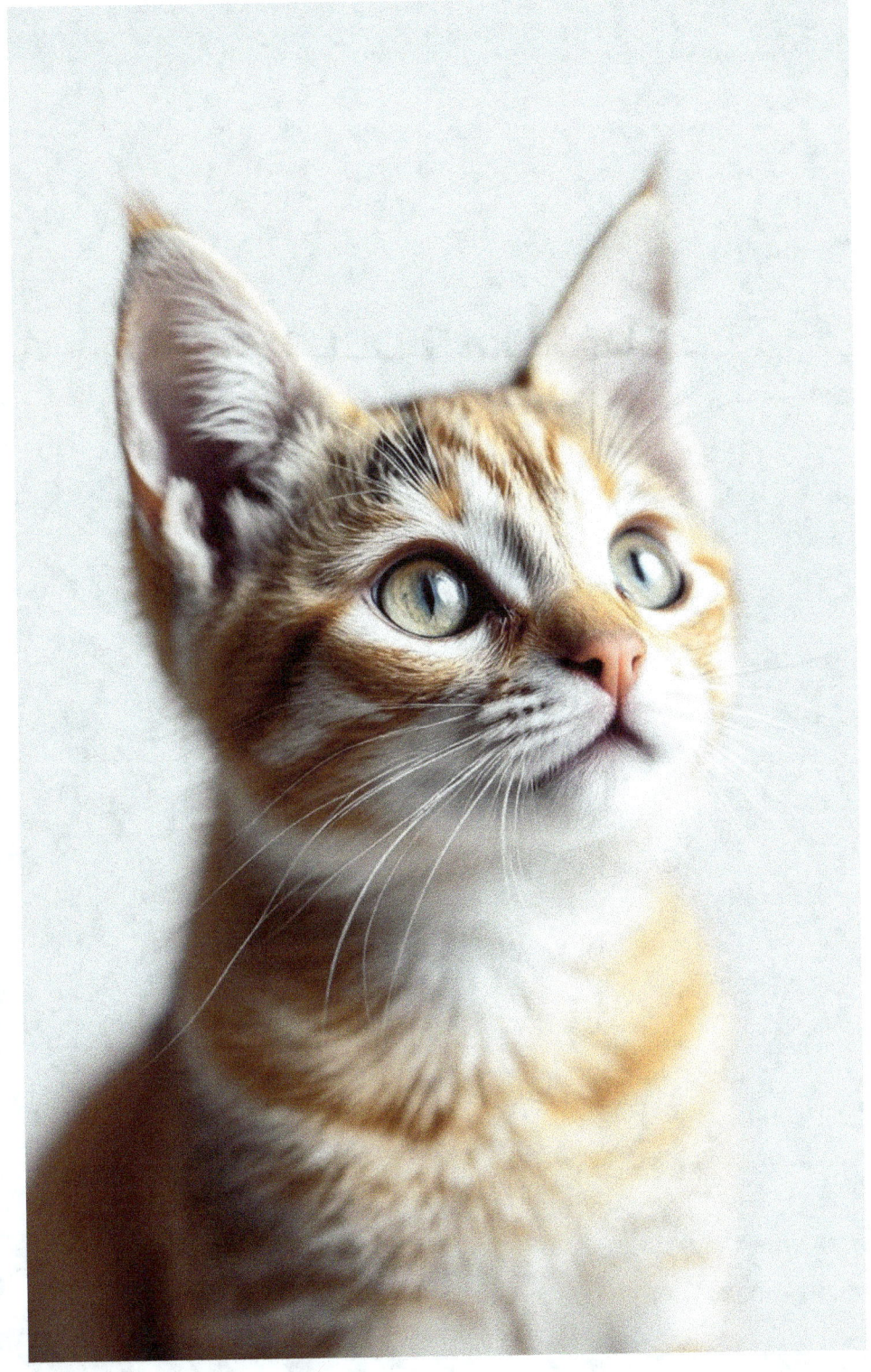

EL GUARDIÁN DEL TIEMPO

SOBRE EL RELOJ DORMIDO,

SE POSA EL GATO GRIS,

COMO GUARDIÁN PERDIDO

EN UN MUNDO FELIZ.

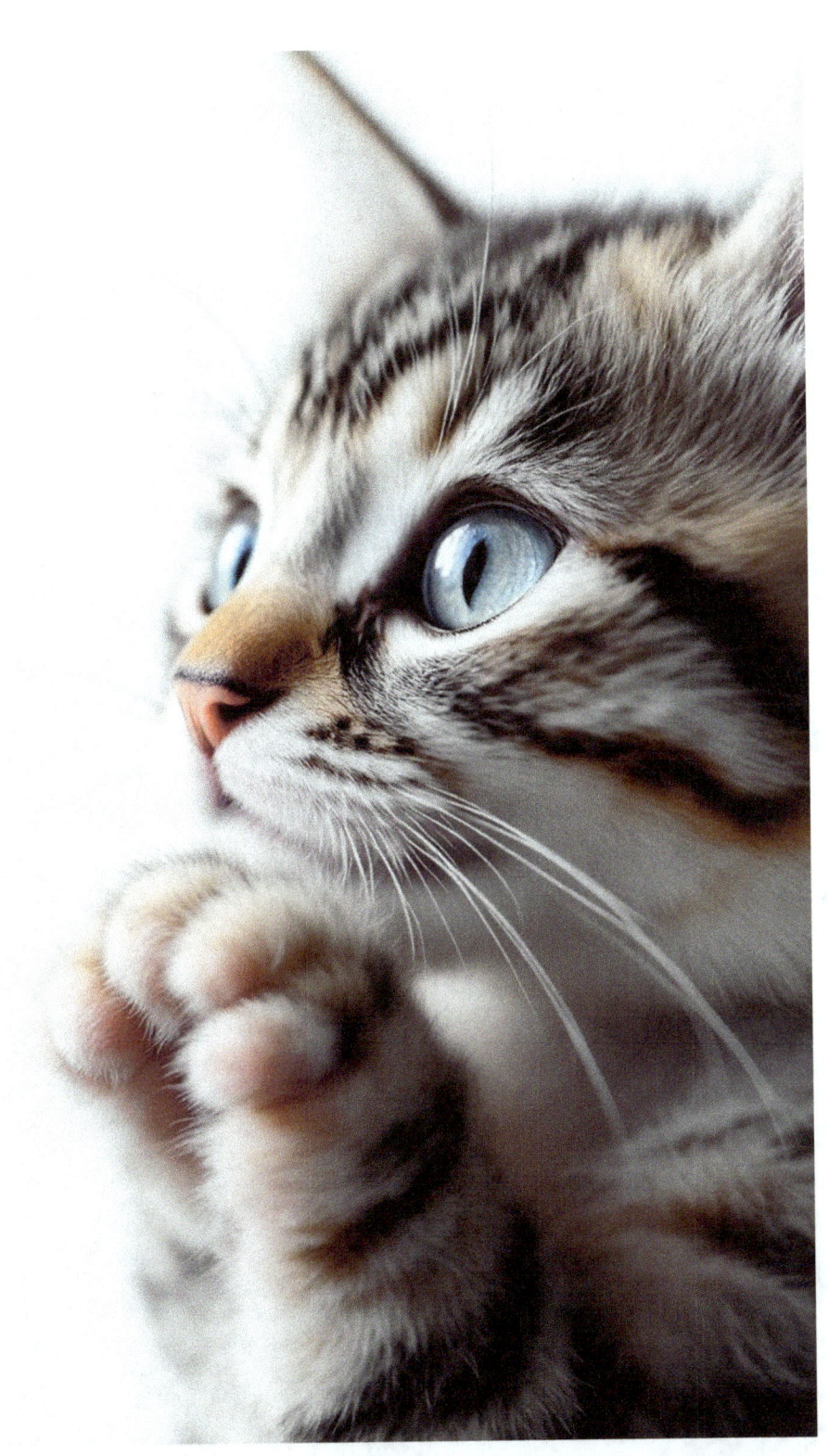

LA SOMBRA INQUIETA

EN LA ESQUINA DEL CUARTO,

SE MUEVE SU SILUETA,

COMO UN POEMA OLVIDADO,

COMO UN ALMA COMPLETA.

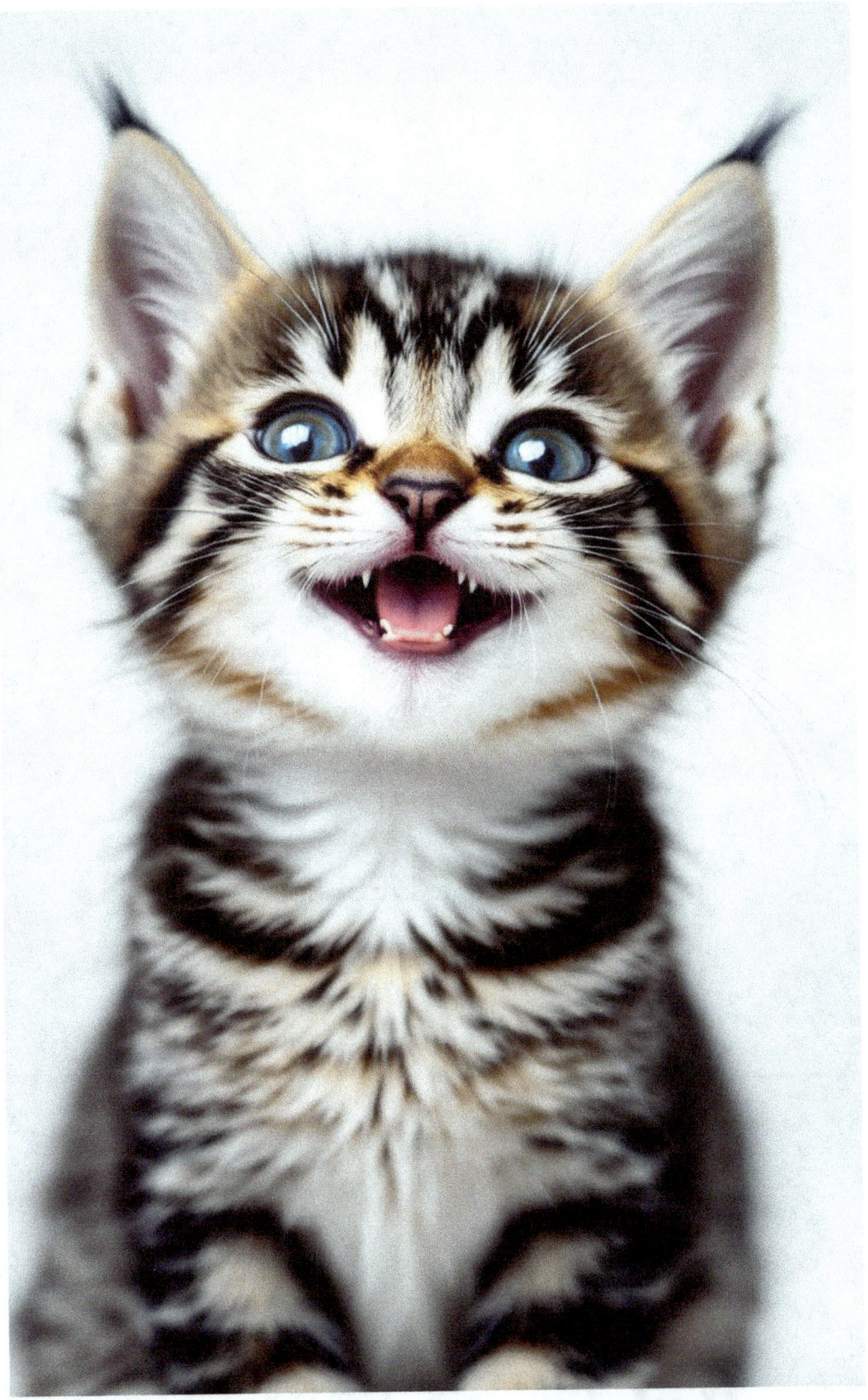

EL SUSPIRO DEL ALBA

AMANECER TRANQUILO,

UN RONRONEO SUAVE,

EL DÍA SE DESLIZA,

EN SU PELAJE SUAVE.

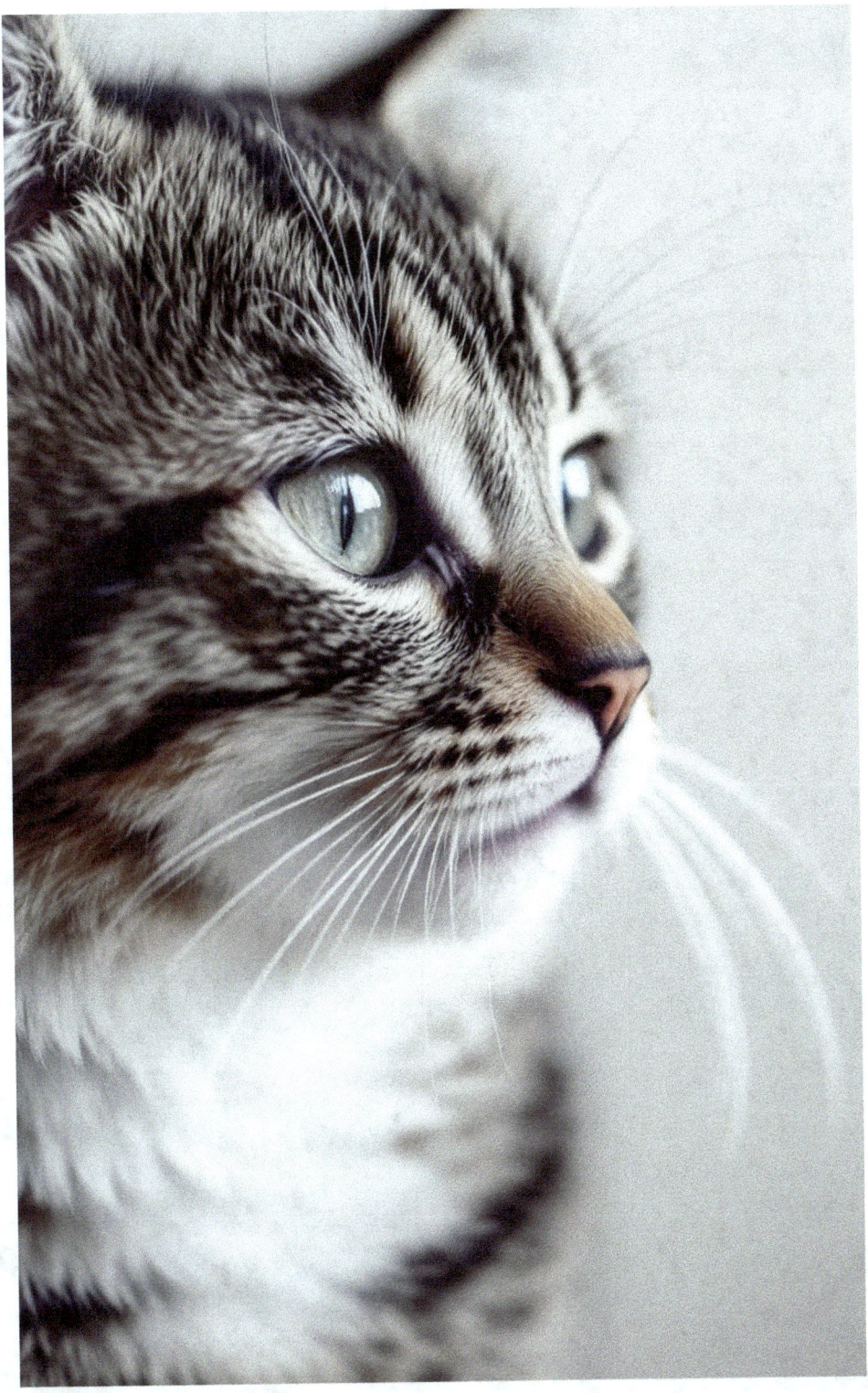

EL MISTERIO DEL JAZMÍN

ENTRE FLORES DE JAZMÍN,

SE ESCONDE EL PEQUEÑO GATO,

SU MIRADA ES UN JARDÍN,

UN MUNDO SECRETO Y GRATO.

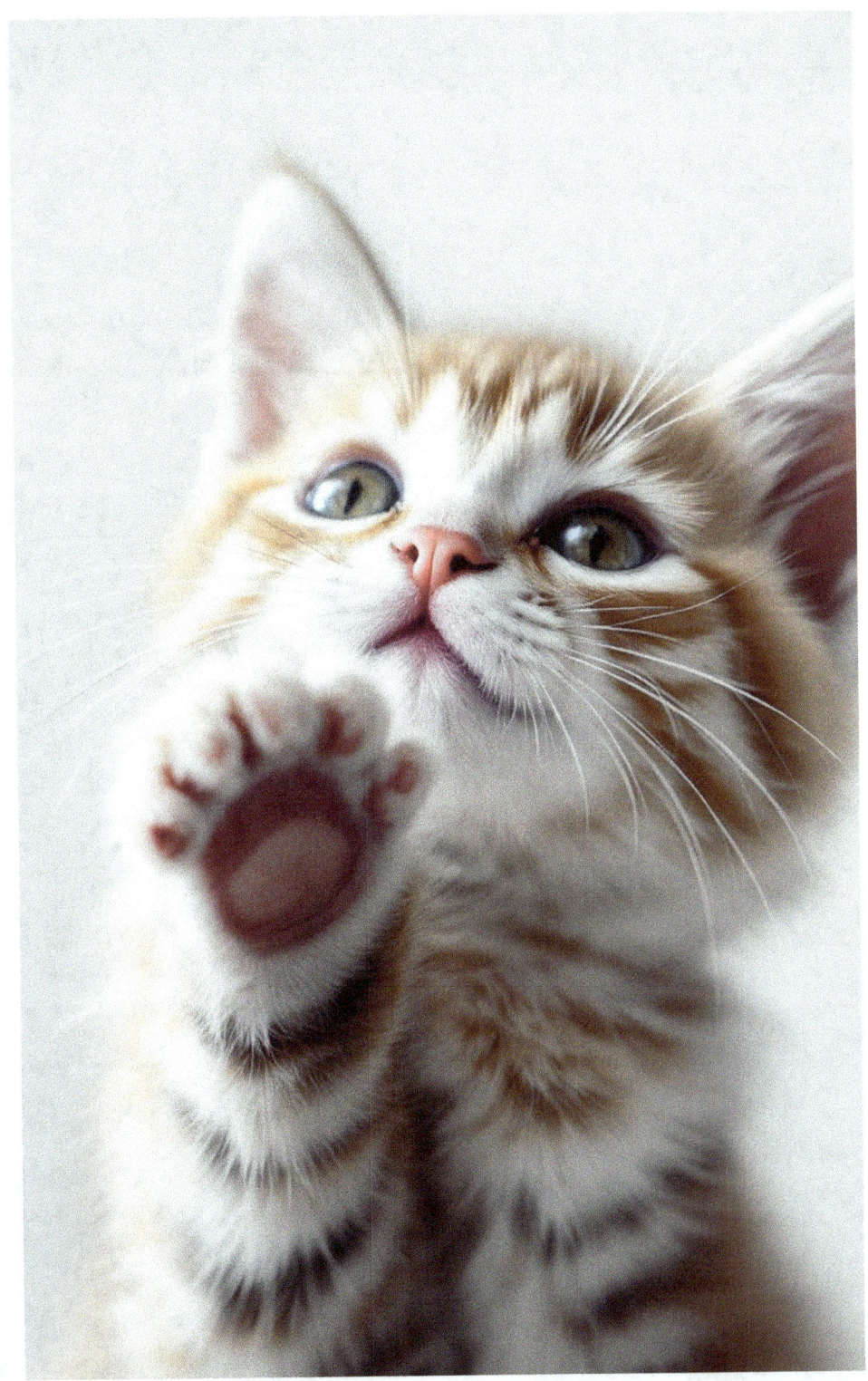

LA LUZ DE LA VENTANA

GATO NEGRO EN LA VENTANA,

BAJO UN CIELO DE TORMENTA,

SU CALMA NUNCA SE AGOTA,

Y LA LLUVIA NO LE AFECTA.

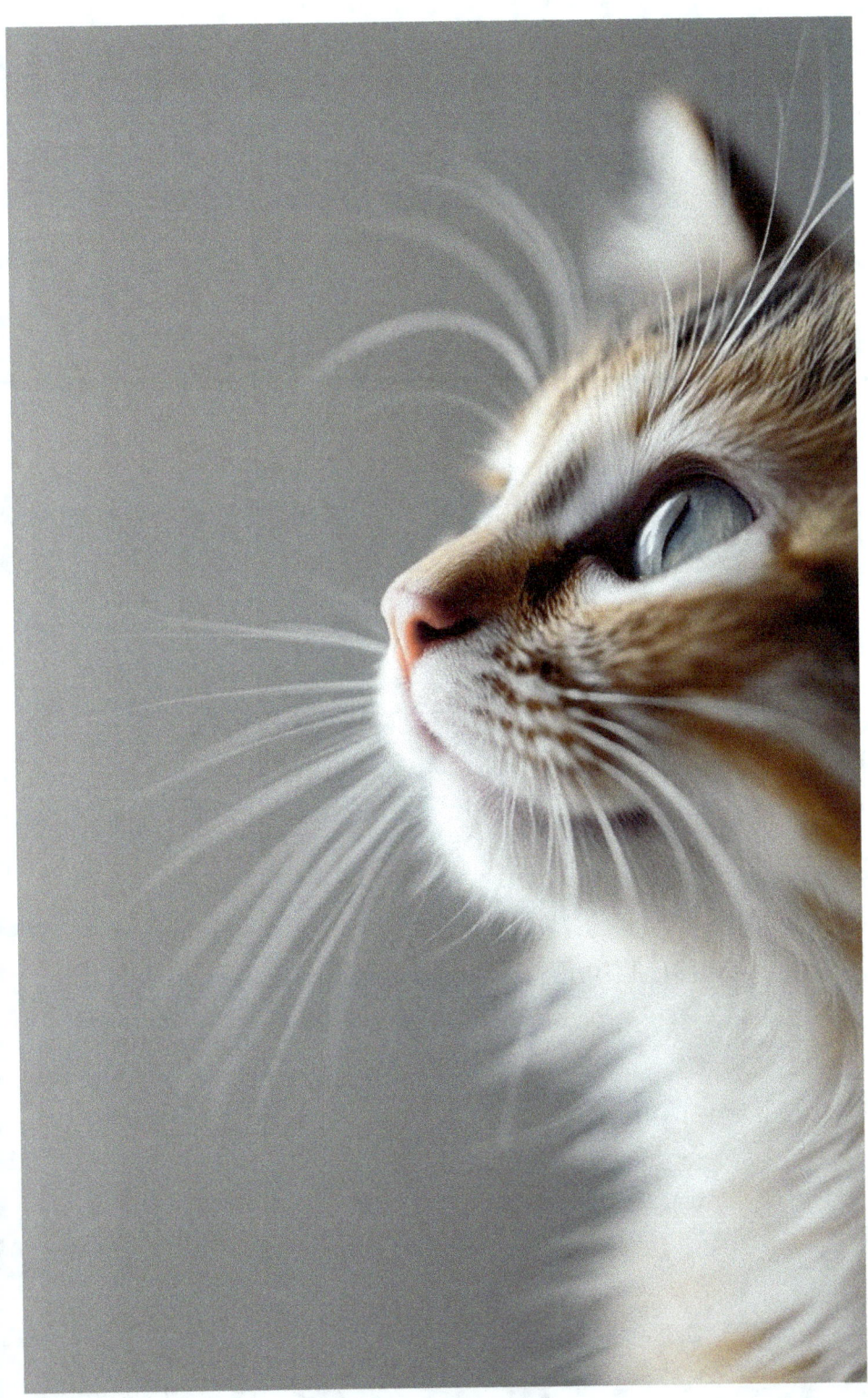

EL ECO DEL VIENTO

CORRE EL GATO ENTRE LAS HOJAS,

PERSIGUE SOMBRAS DEL VIENTO,

SUS PASOS SON MELODÍAS,

DE UN ETERNO MOVIMIENTO.

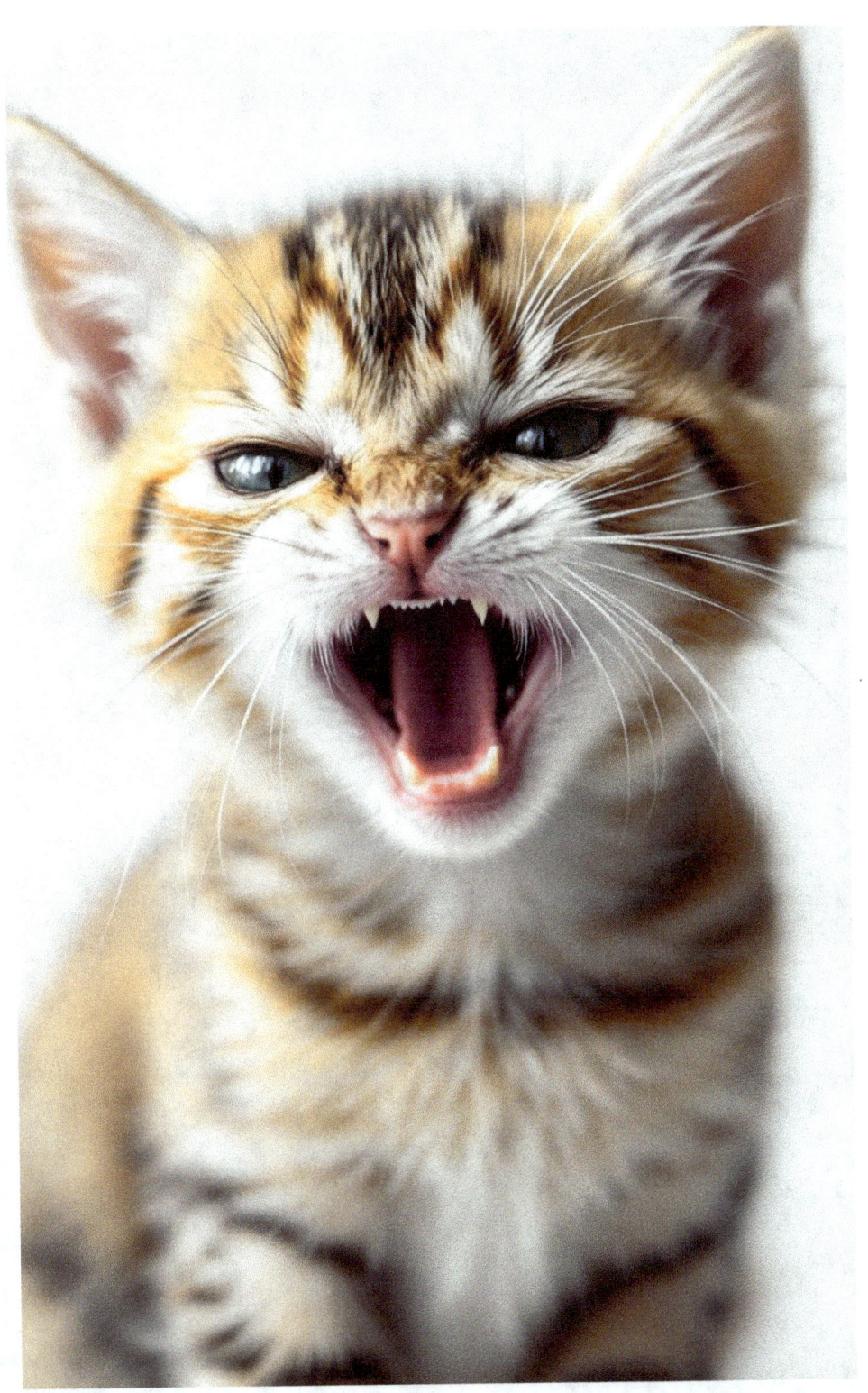

EL SOL ENTRE SUS PATAS

DORMIDO BAJO EL OLIVO,

EL GATO SUEÑA EN LA SOMBRA,

SU PIEL GUARDA EL CALOR VIVO,

DEL SOL QUE NUNCA SE ASOMBRA.

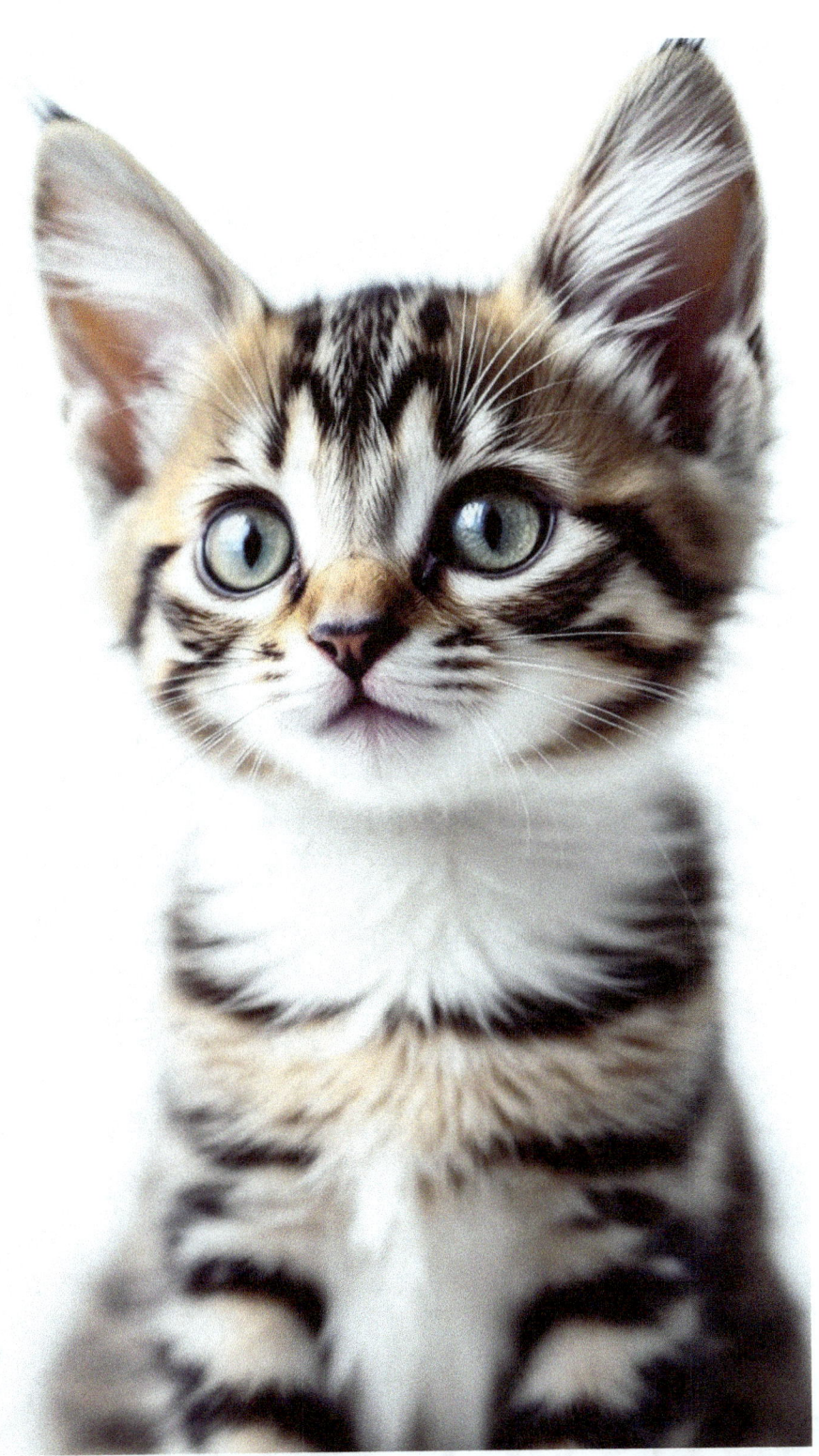

EL REY DEL SOFÁ

EN EL TRONO MULLIDO,

DESCANSA EL REY DE CASA,

SU RONRONEO QUERIDO,

UN CANTO QUE NUNCA PASA.

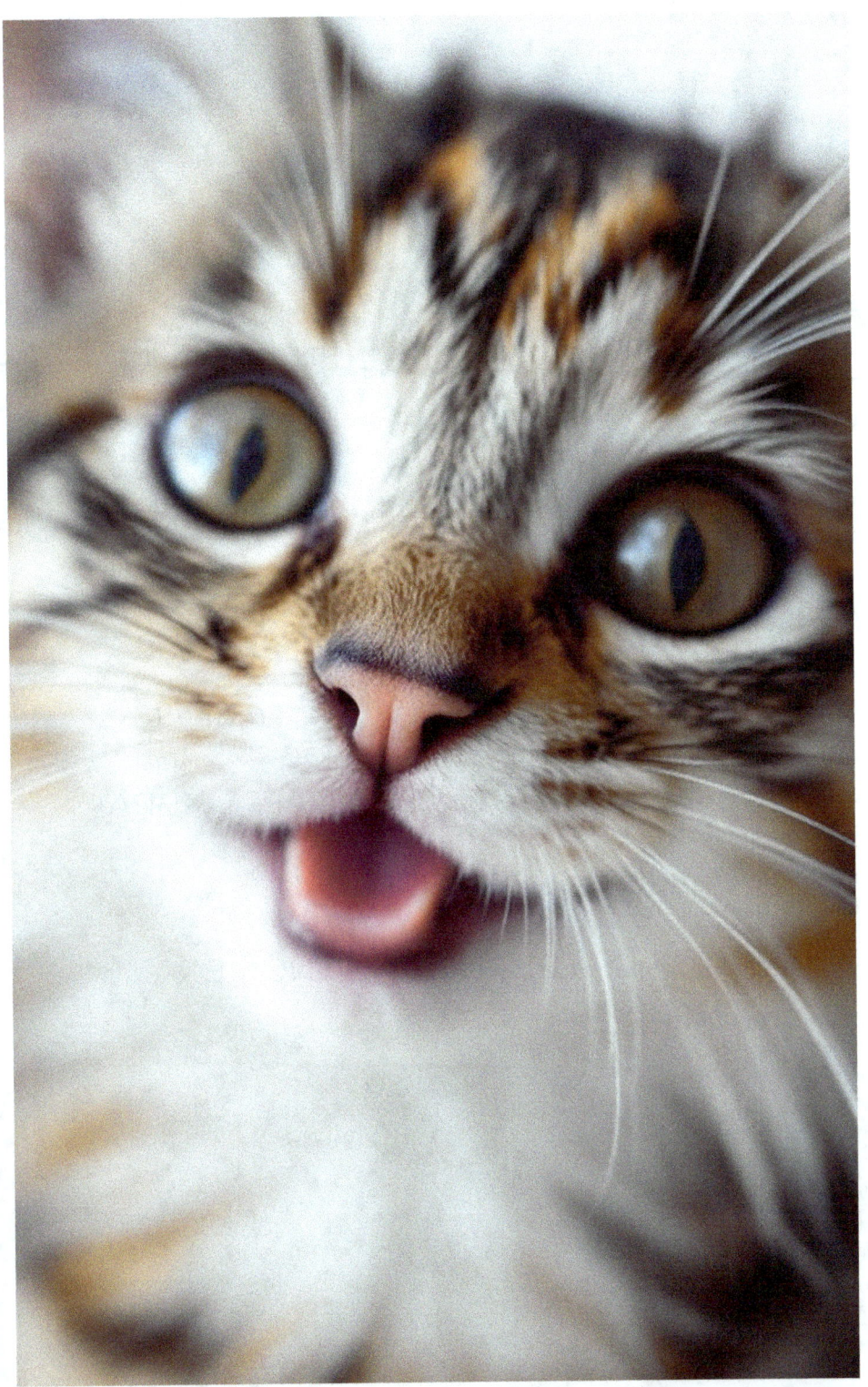

LA DANZA DEL FUEGO

FRENTE AL CALOR DE LA CHIMENEA,

SE ESTIRA EL GATO EN LA ALFOMBRA,

SU CUERPO SE BALANCEA,

COMO SI EL FUEGO LO NOMBRA.

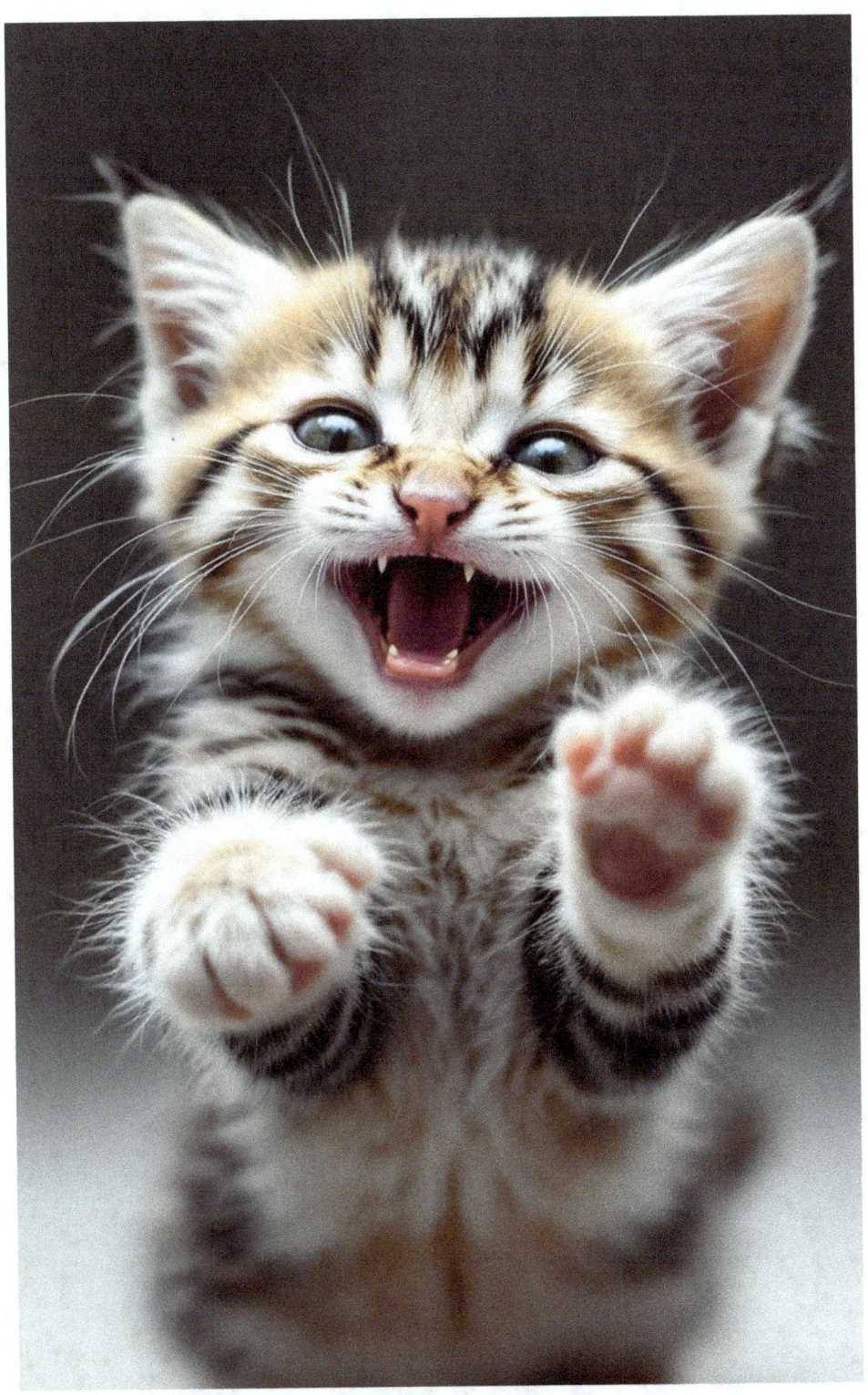

EL CAZADOR DE ESTRELLAS

BAJO CIELOS ESTRELLADOS,

SALTA EL GATO EN LA PENUMBRA,

PERSIGUE ASTROS CALLADOS,

QUE SU COLA NUNCA ALUMBRA.

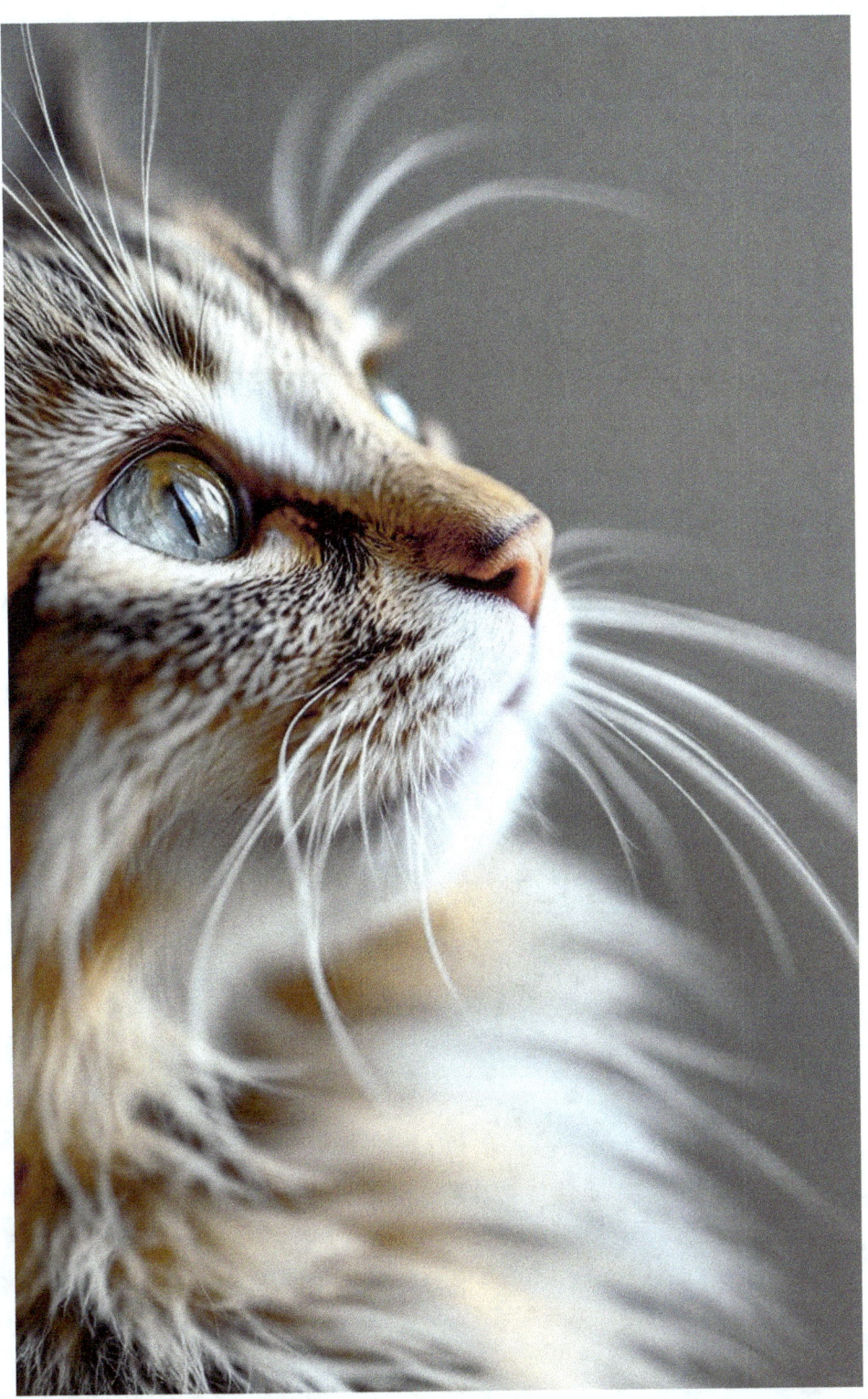

EL AMIGO INVISIBLE

EN EL RINCÓN DE LA SALA,

HABLA EL GATO CON SU SOMBRA,

EN SU JUEGO NO HAY BALAS,

SÓLO UN MUNDO QUE ASOMBRA.

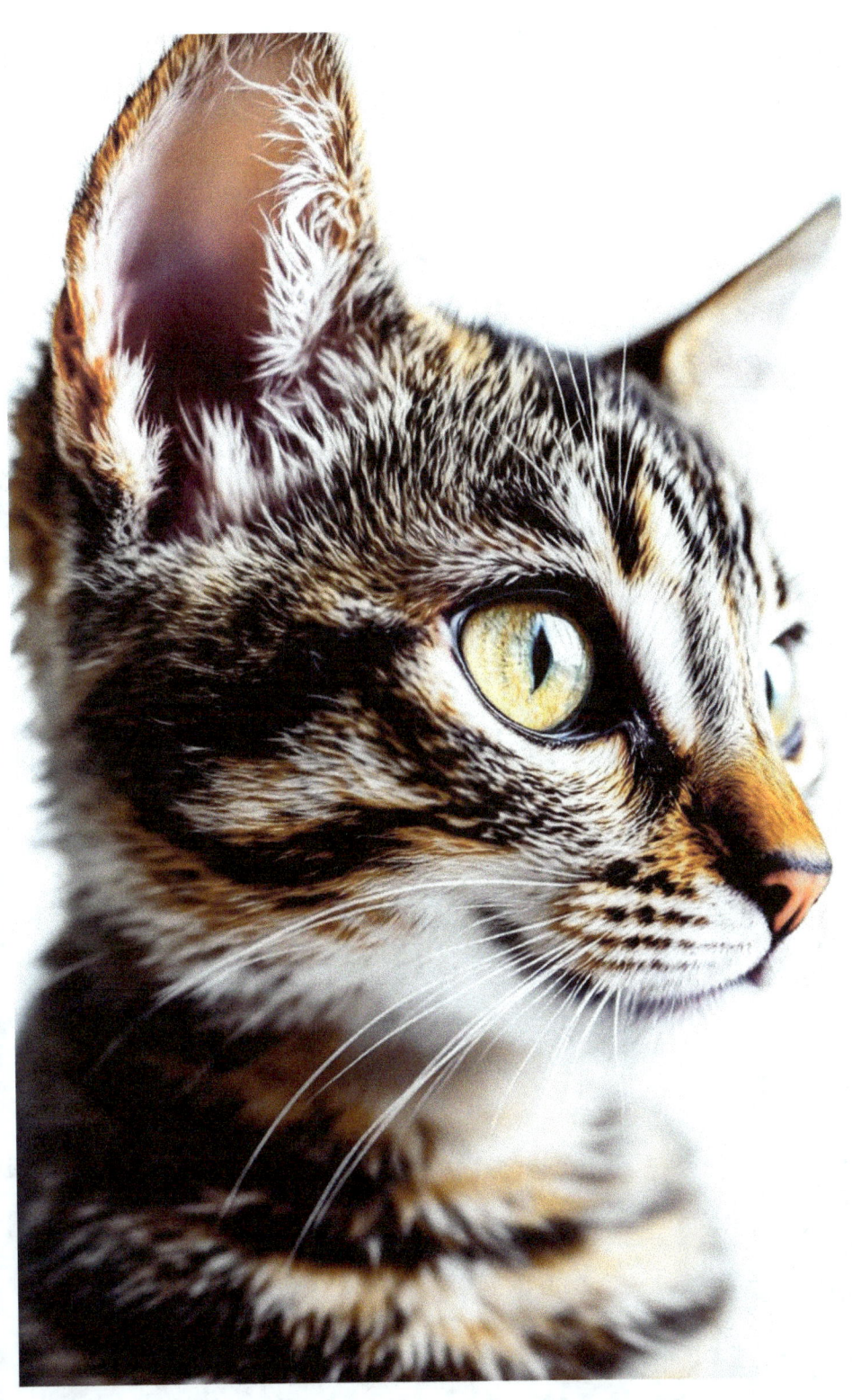

LA LLUVIA Y EL CRISTAL

SOBRE EL VIDRIO EMPAÑADO,

DESCANSA SU PEQUEÑA PATA,

EL MUNDO, TRAS EL CRISTAL,

ES UN SUEÑO QUE DESATA.

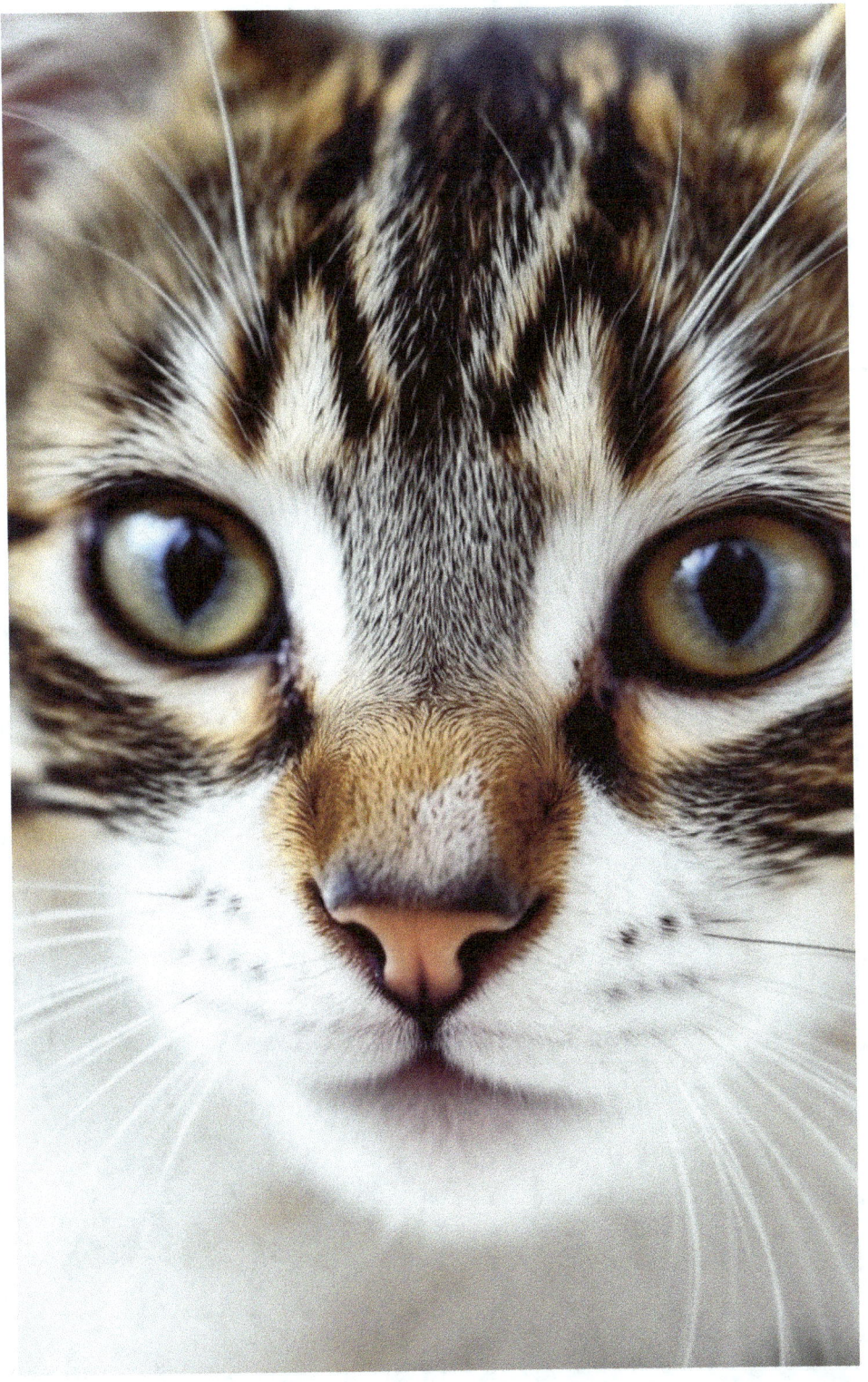

EL CANTO DEL JAZMÍN

ENTRE FLORES AMARILLAS,

EL GATO SE ENREDA Y CANTA,

SU VIDA NUNCA ES SENCILLA,

Y SU ALEGRÍA LO ENCANTA.

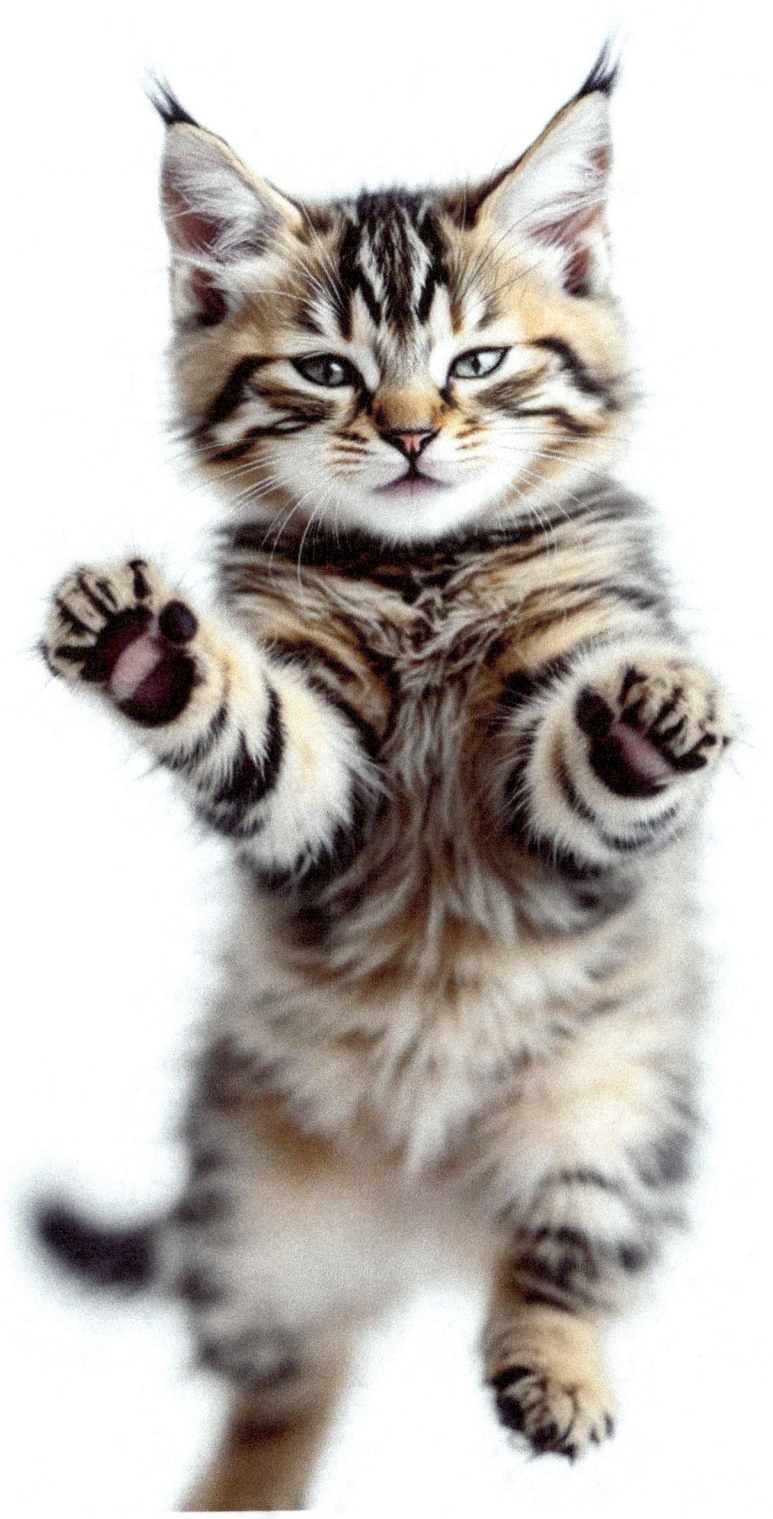

EL MAR DE ALGODÓN

EN LA CAMA TAN SUAVE,

FLOTA EL GATO EN SUS SUEÑOS,

EL MUNDO YA NO LE CABE,

SÓLO EL CALOR PEQUEÑO.

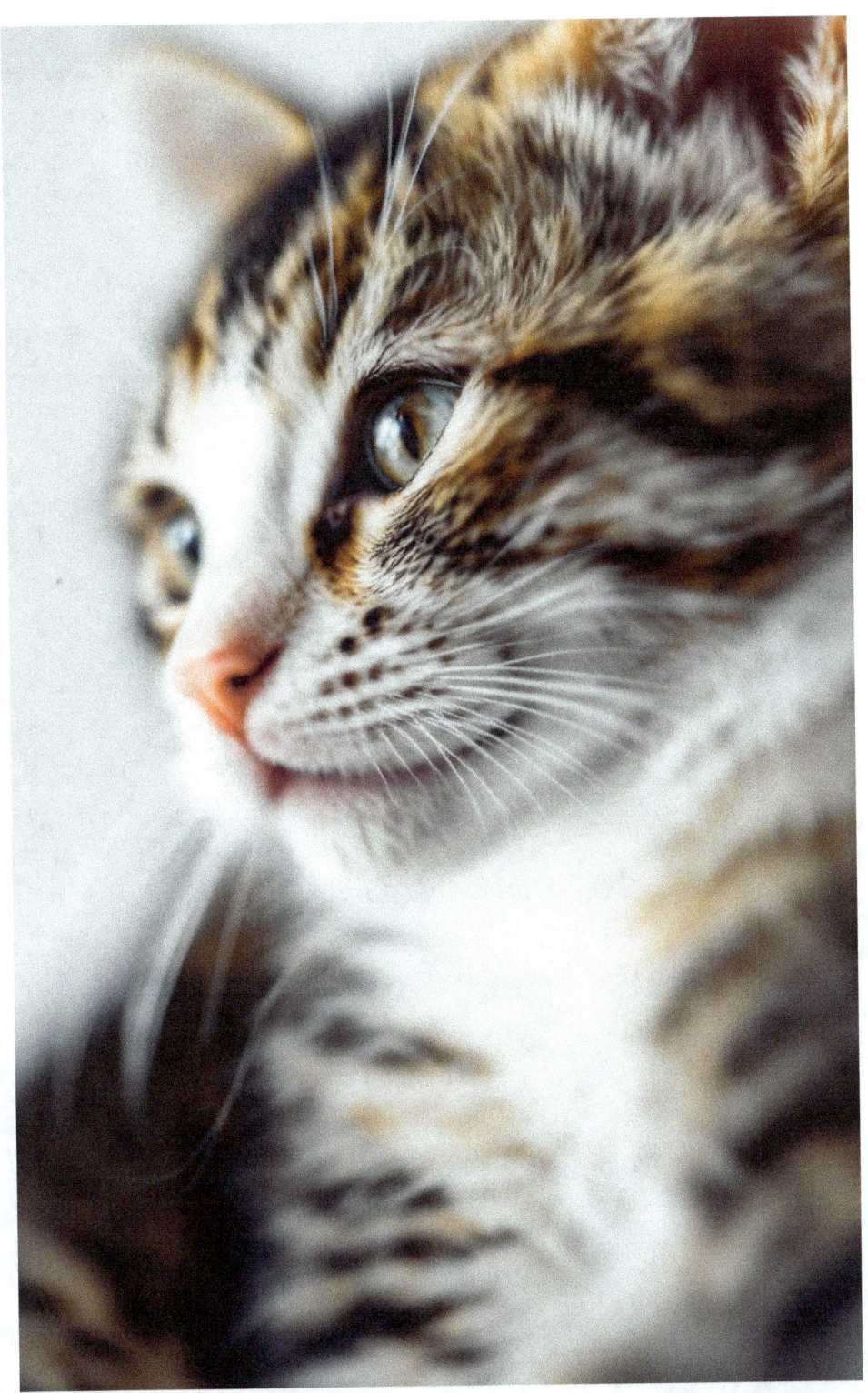

EL BOSQUE INTERIOR

DENTRO DEL VIEJO ARMARIO,

SE ESCONDE EL GATO FELIZ,

SU REINO IMAGINARIO,

ES TAN GRANDE COMO PARÍS.

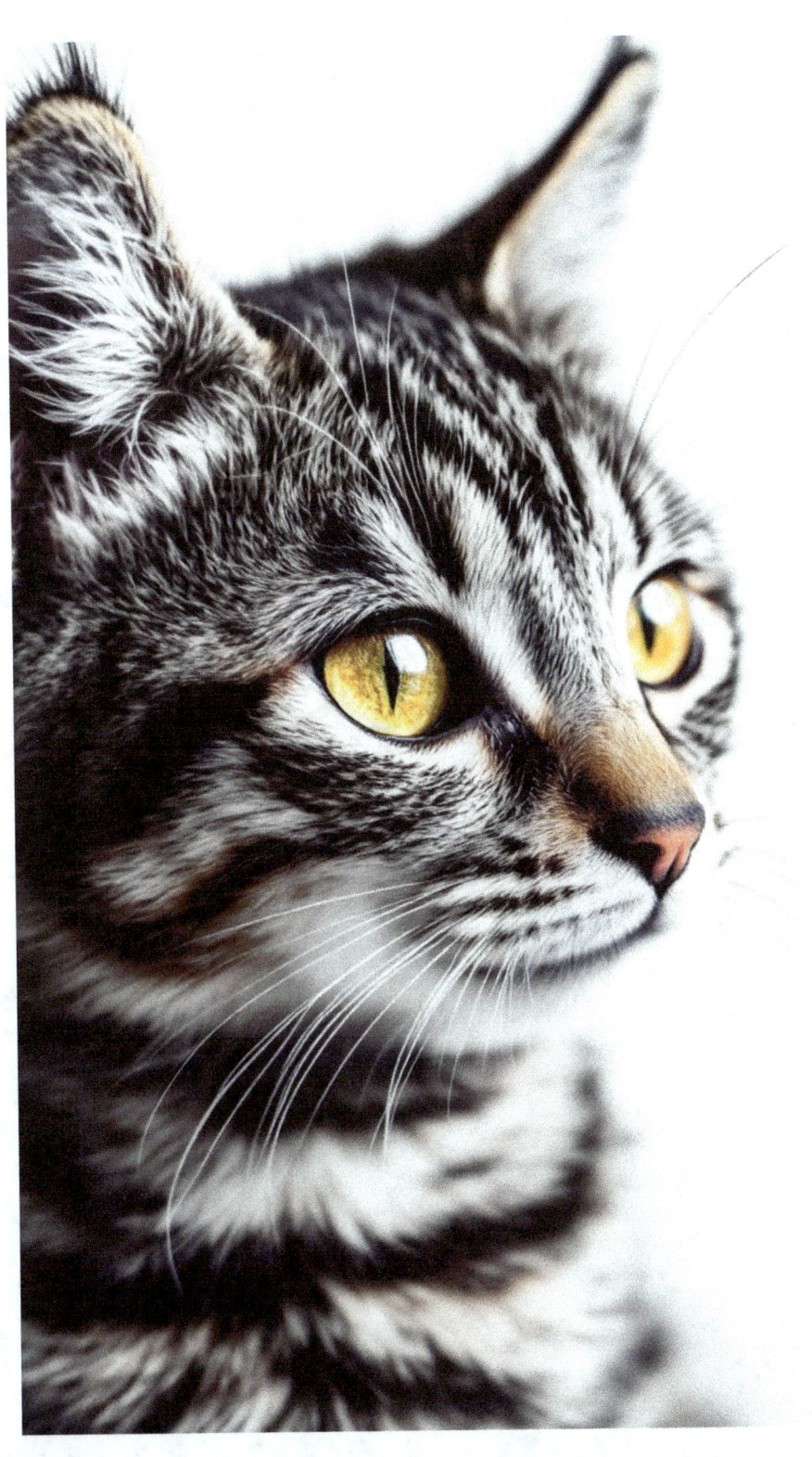

LA CUNA DEL VIENTO

UN RINCÓN DE LA TERRAZA,

ES SU CUNA BAJO EL CIELO,

EL VIENTO ROZA SU CASA,

Y ÉL RONRONEA EN EL SUELO.

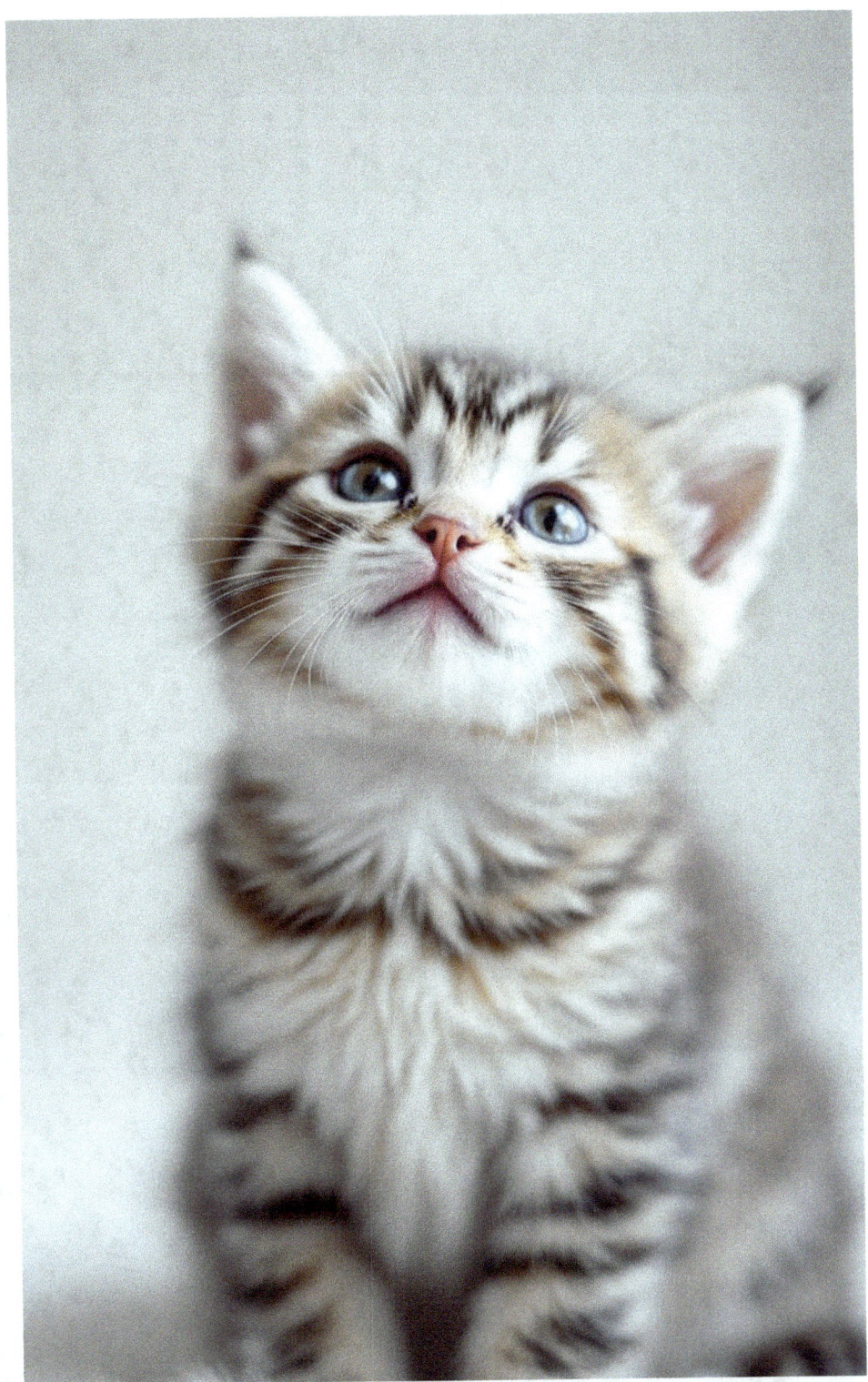

EL GUARDIÁN DEL SILENCIO

EN LA PENUMBRA DEL CUARTO,

VIGILA EL GATO CURIOSO,

ES SU MUNDO TAN CALLADO,

COMO EL SUSURRO DE UN POZO.

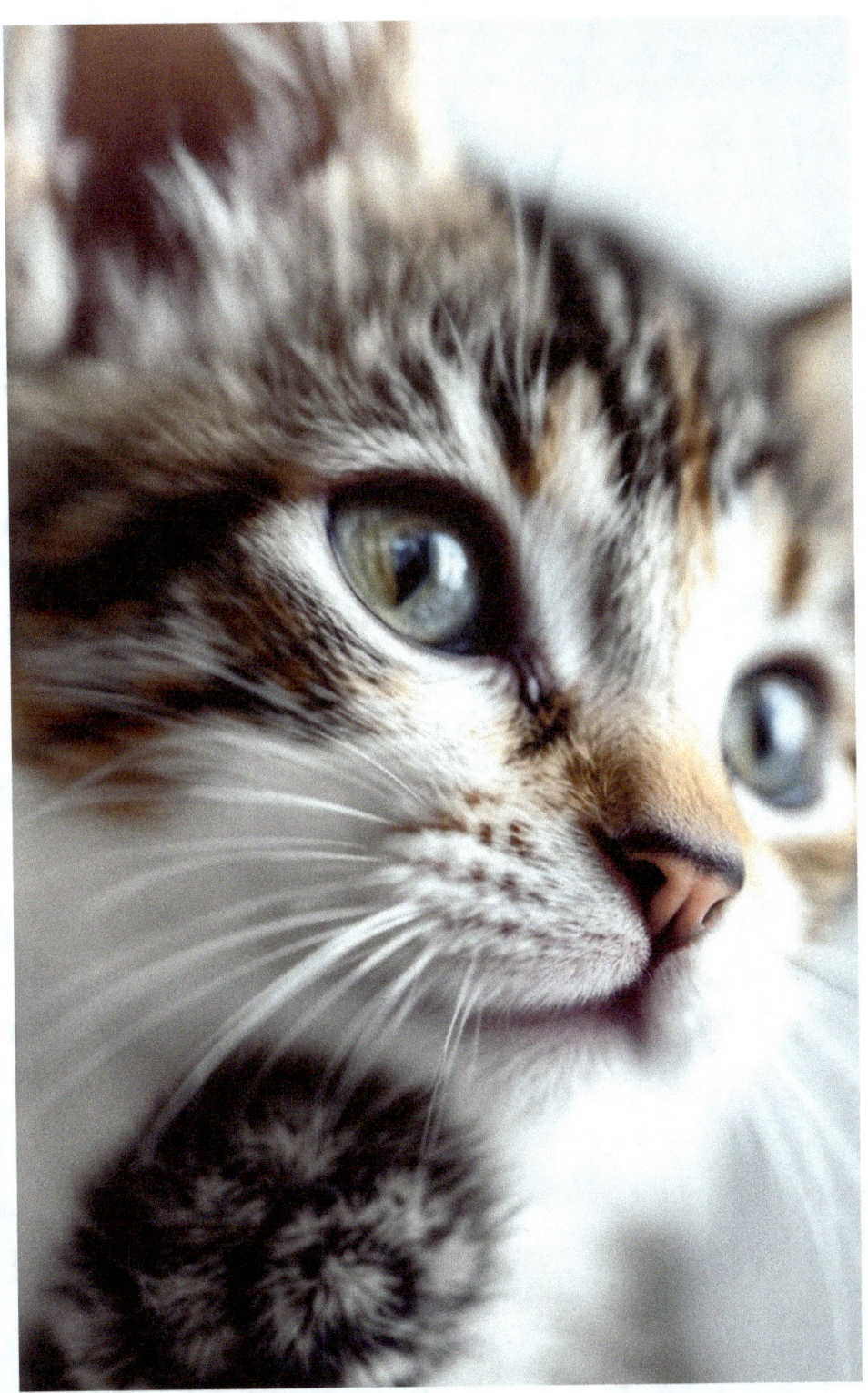

OJOS DE LUNA LLENA

SUS OJOS SON DOS ESTRELLAS,

QUE MIRAN DESDE EL BALCÓN,

EL GATO GUARDA CENTELLAS,

QUE ILUMINAN SU RINCÓN.

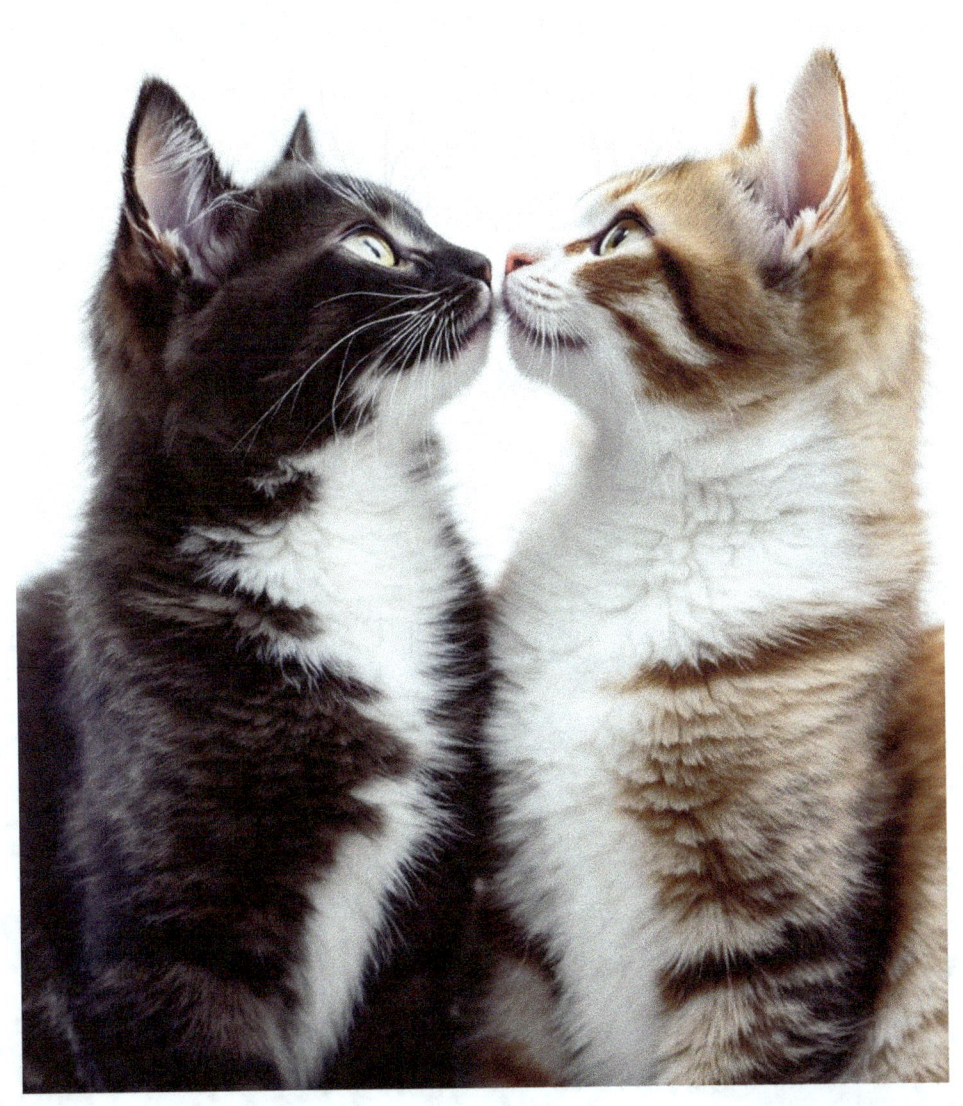

EL CAZADOR DE REFLEJOS

UN RAYO DE SOL PERDIDO,

BAILA SOBRE LA PARED,

EL GATO LO SIGUE HERIDO,

POR SU LUZ QUE NUNCA VE.

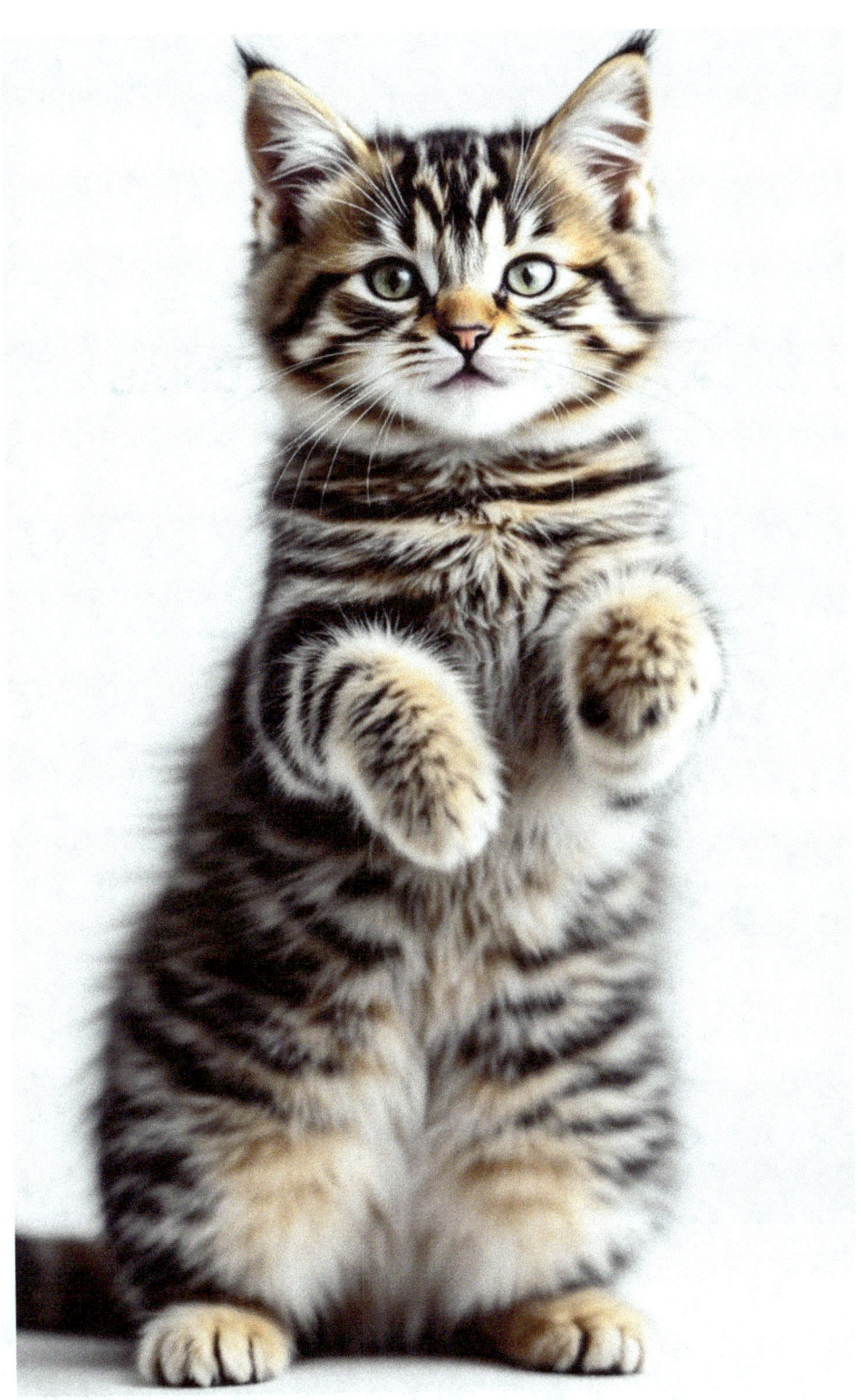

LA ALMOHADA DE PLUMAS

SOBRE UN COJÍN PEQUEÑO,

DESCANSA SU CUERPO BLANDO,

EL GATO GUARDA SU SUEÑO,

MIENTRAS EL DÍA VA PASANDO.

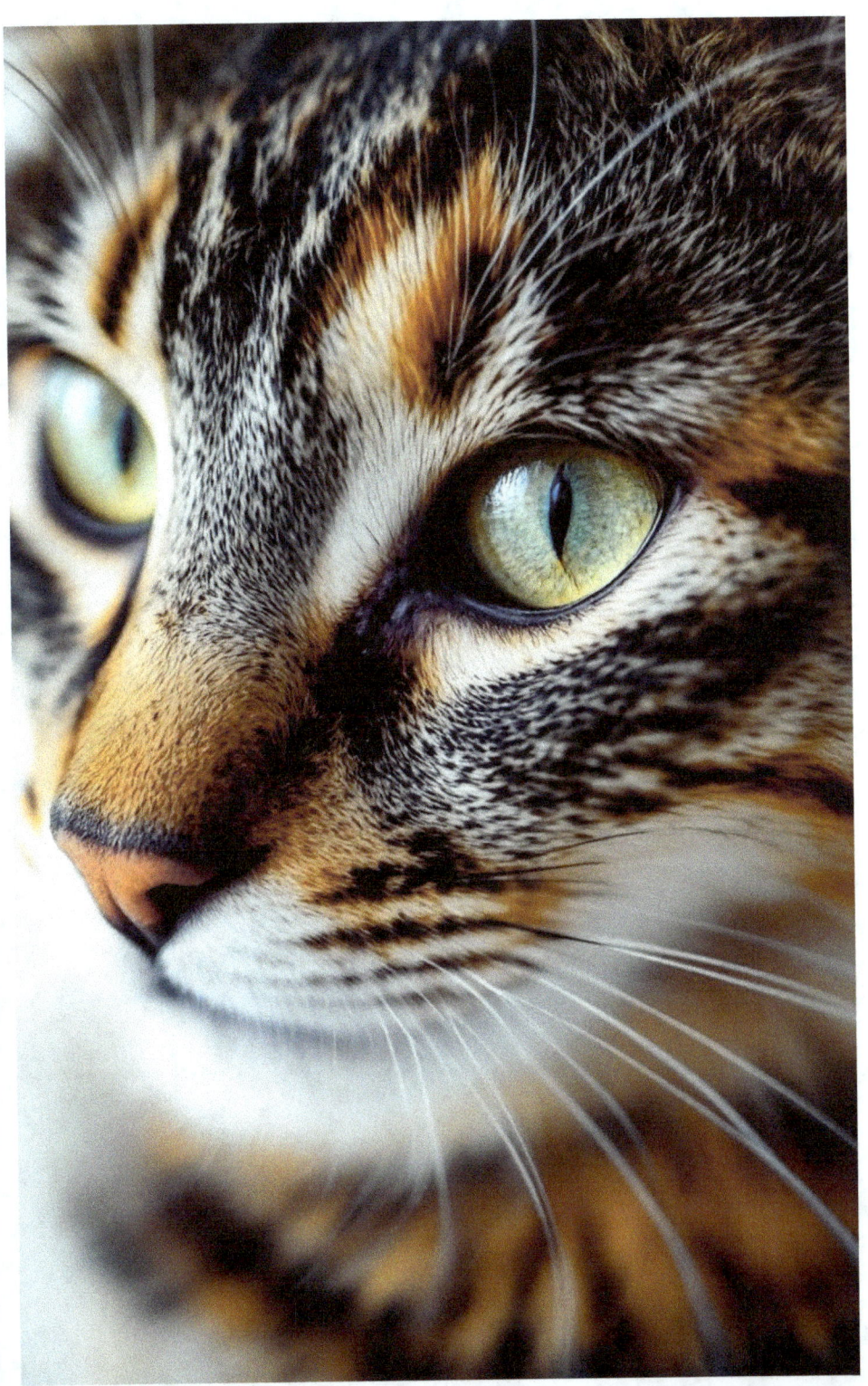

LA ALFOMBRA DEL MUNDO

EN LA ALFOMBRA DEL SALÓN,

SE TIENDE EL GATO TRANQUILO,

SU CUERPO ES UN CORAZÓN,

QUE LATE BAJO EL SIGILO.

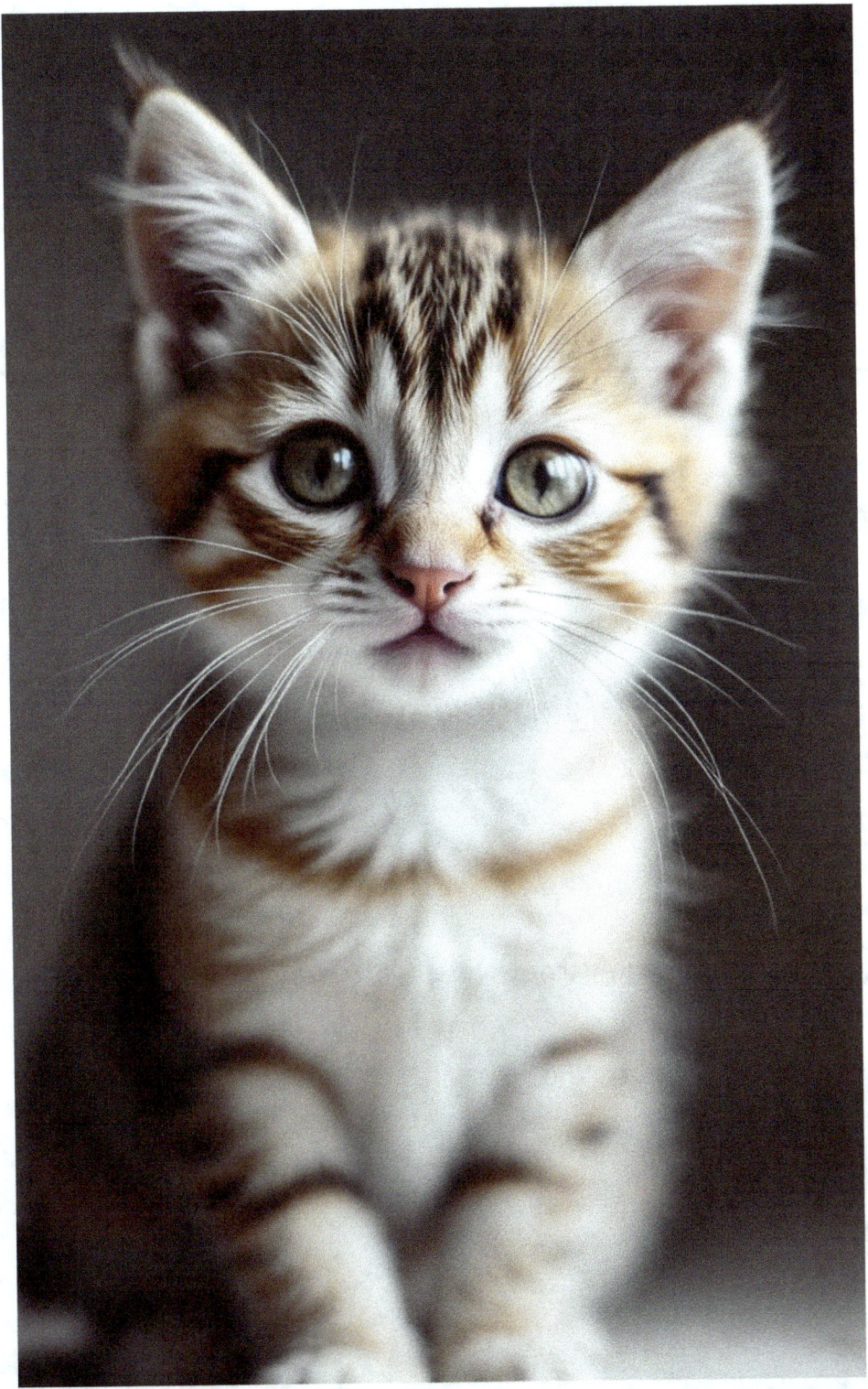

EL SUSURRO DEL ÁRBOL

BAJO UN ROBLE EN LA PRADERA,

DESCANSA EL GATO DORADO,

LA BRISA SUAVE LE ESPERA,

Y SU ALMA QUEDA EN CALMA.

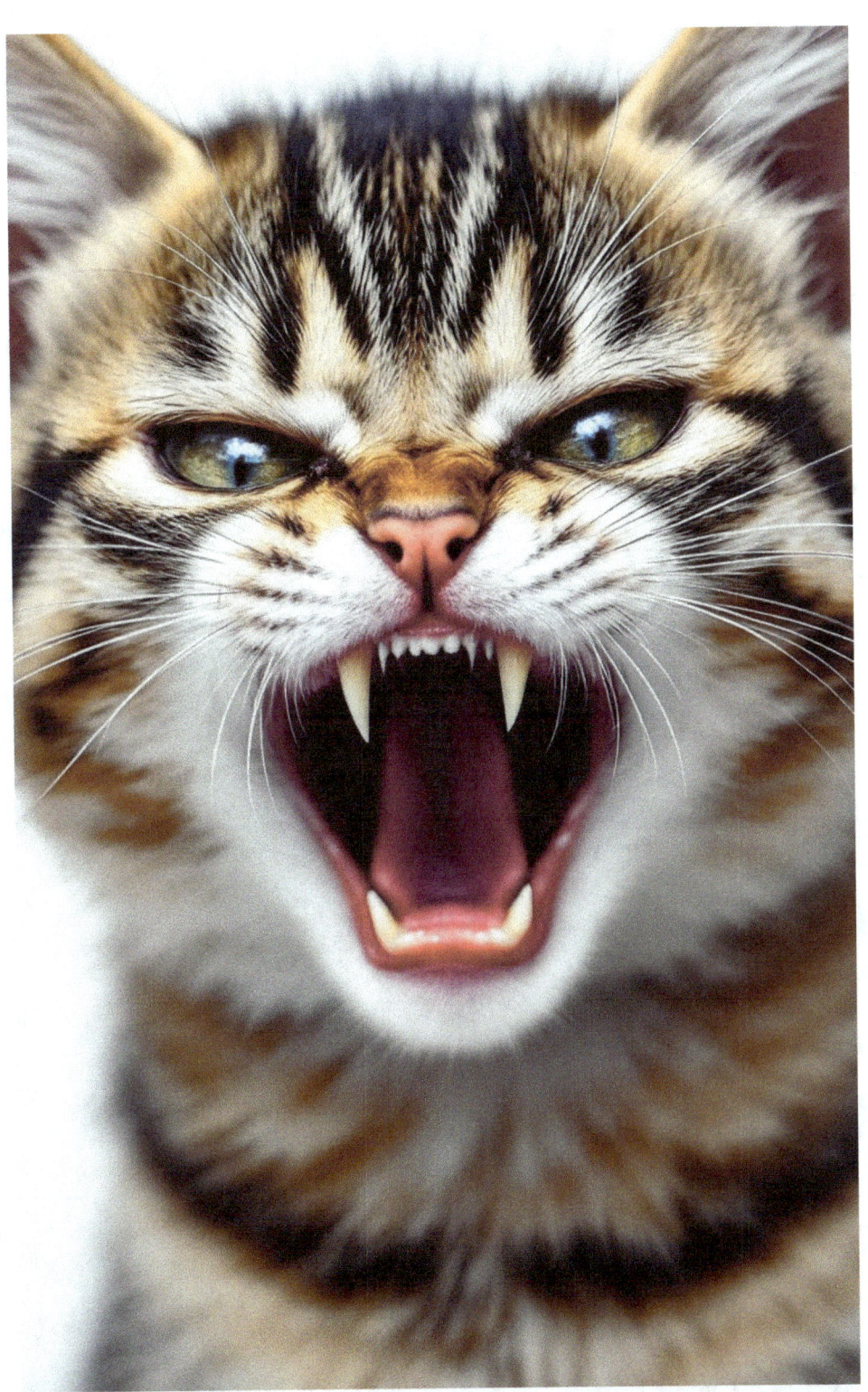

EL GUARDIÁN DEL UMBRAL

EN LA PUERTA DE LA CASA,

SE SIENTA COMO UN SOLDADO,

SU MIRADA NUNCA PASA,

SU TRONO ES EL EMPEDRADO.

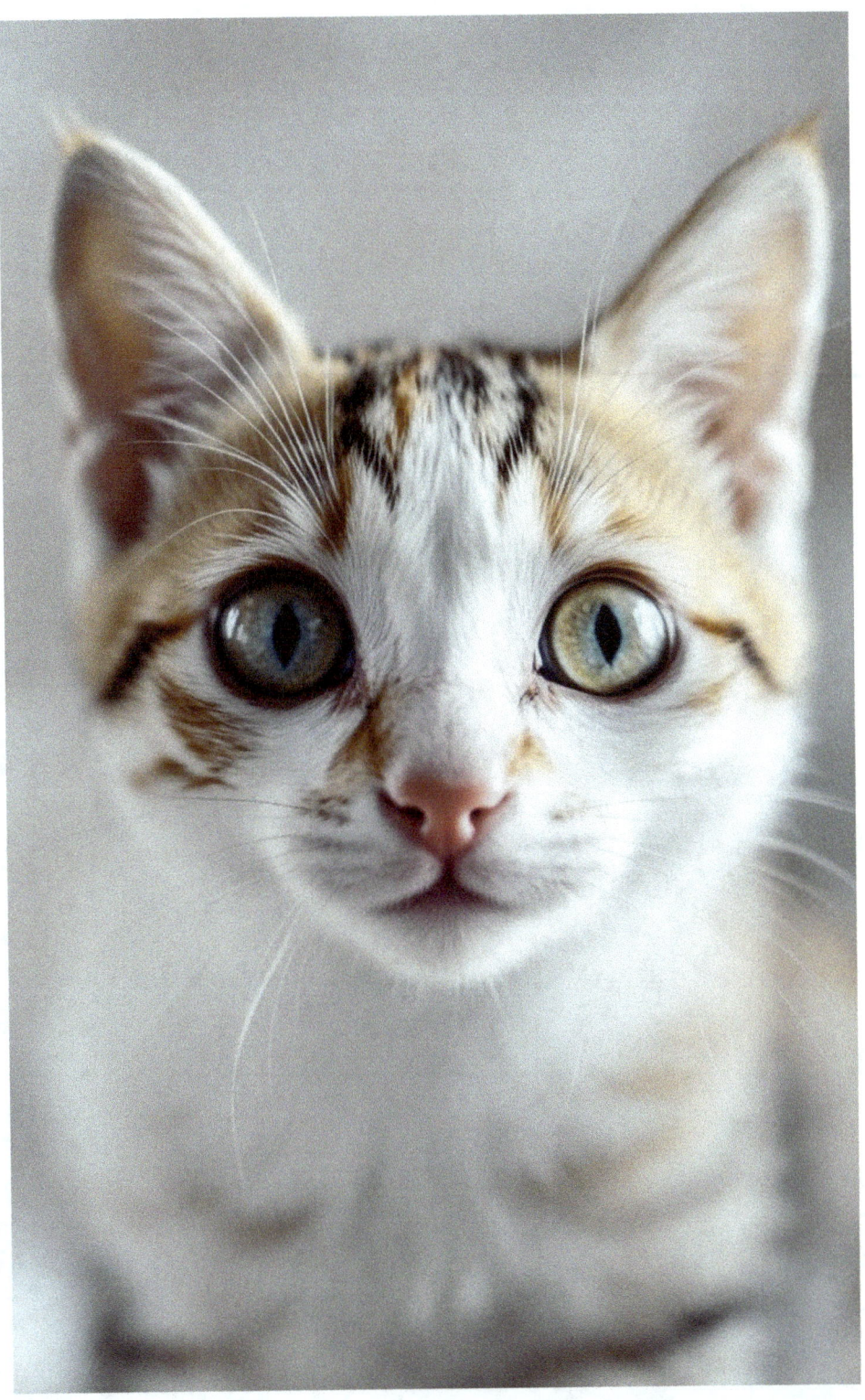

EL DUEÑO DE LA LUNA

SOBRE LA TAPIA DEL PATIO,

EL GATO NEGRO DESCANSA,

LA LUNA, SU FIEL RETRATO,

LE CANTA UNA ESPERANZA.

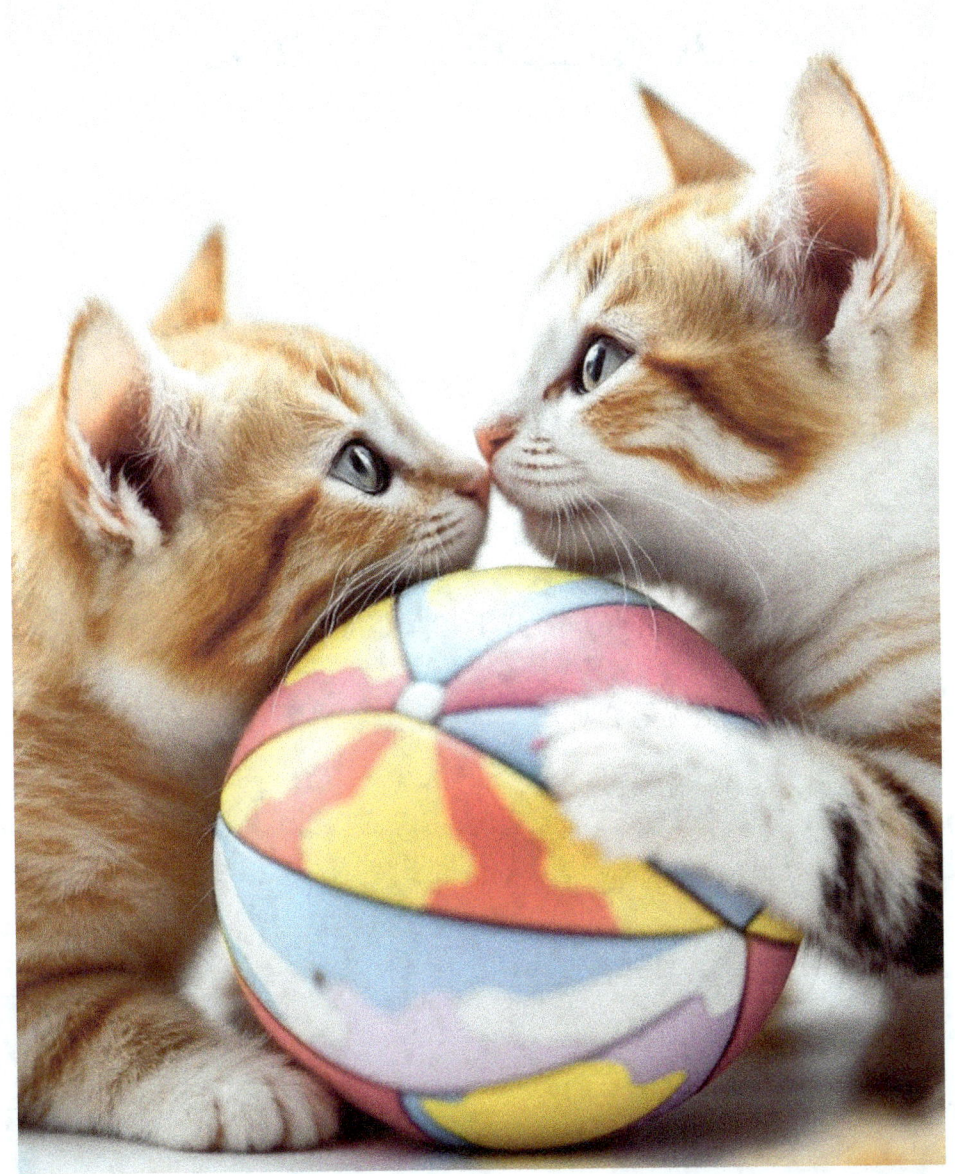

LA VOZ DE LA TARDE

RONRONEOS Y SUSPIROS,

LLENAN LA CÁLIDA ESTANCIA,

EL GATO GUARDA CAMINOS,

QUE LLEVAN HACIA LA INFANCIA.

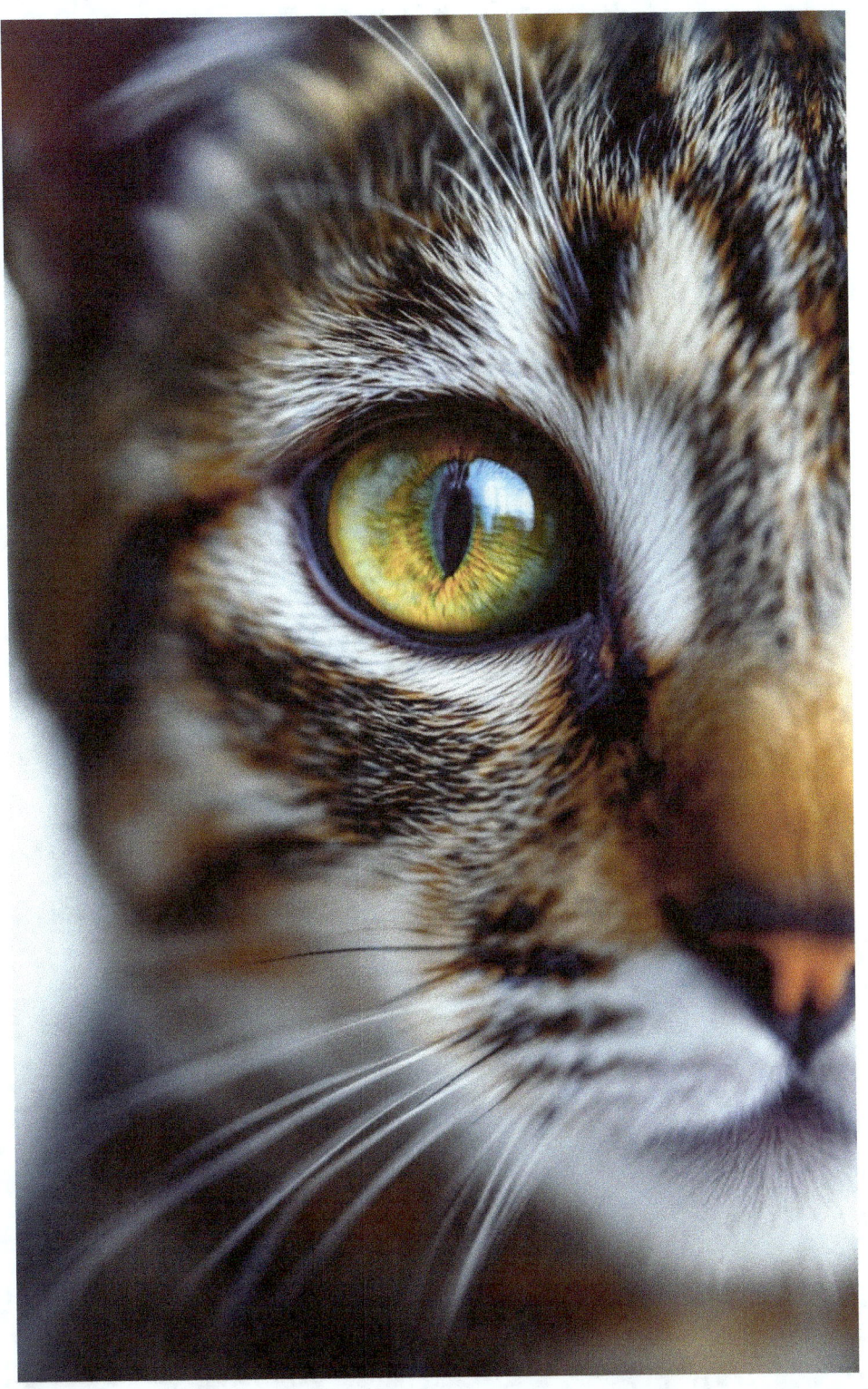

EL ALMA DEL JARDÍN

ENTRE LAS ROSAS Y LIRIOS,

SE DESLIZA EL GATO GRIS,

SU PRESENCIA ES UN DELIRIO,

UN POEMA FELIZ.

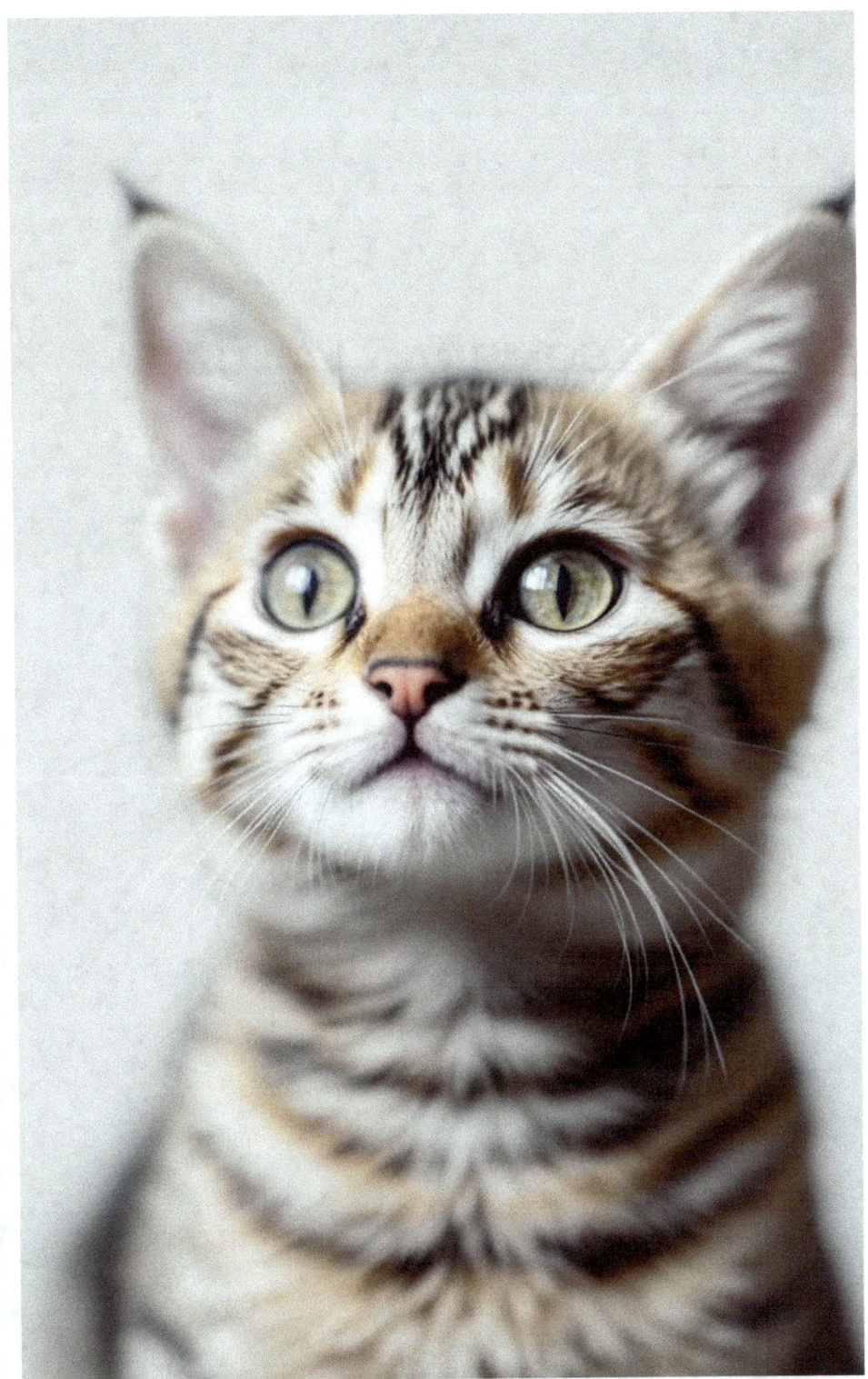

LA SOMBRA Y LA LUZ

ENTRE SOMBRAS DE LOS ÁRBOLES,

CORRE EL GATO SIN PARAR,

PERSIGUE LA LUZ FUGAZ,

COMO UN SUEÑO AL DESPERTAR.

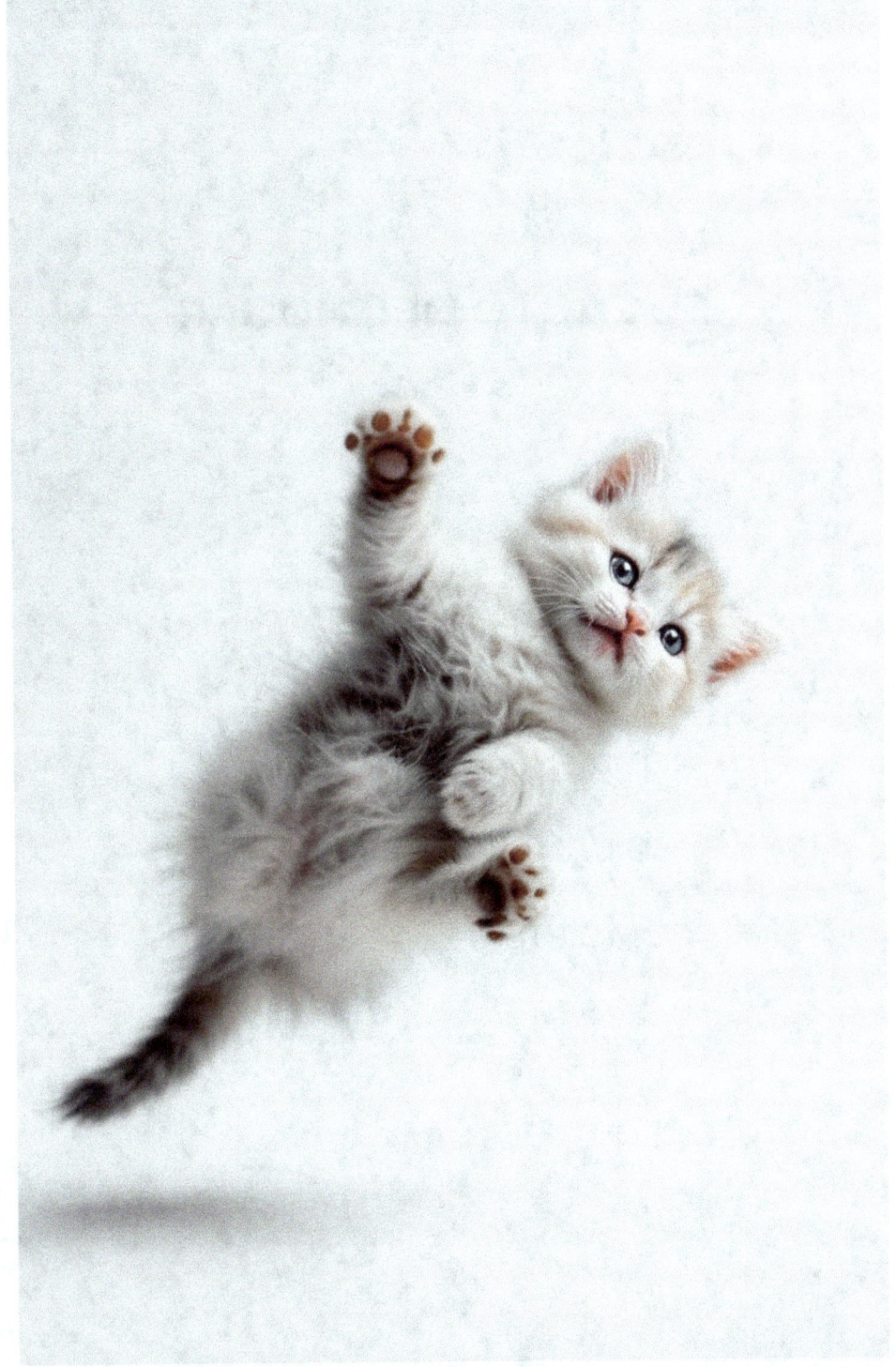

EL CANTO DEL HOGAR

EN LA ESQUINA DEL SOFÁ,

RONRONEA CON TERNURA,

SU CANTO NUNCA SE VA,

COMO ETERNA PARTITURA.

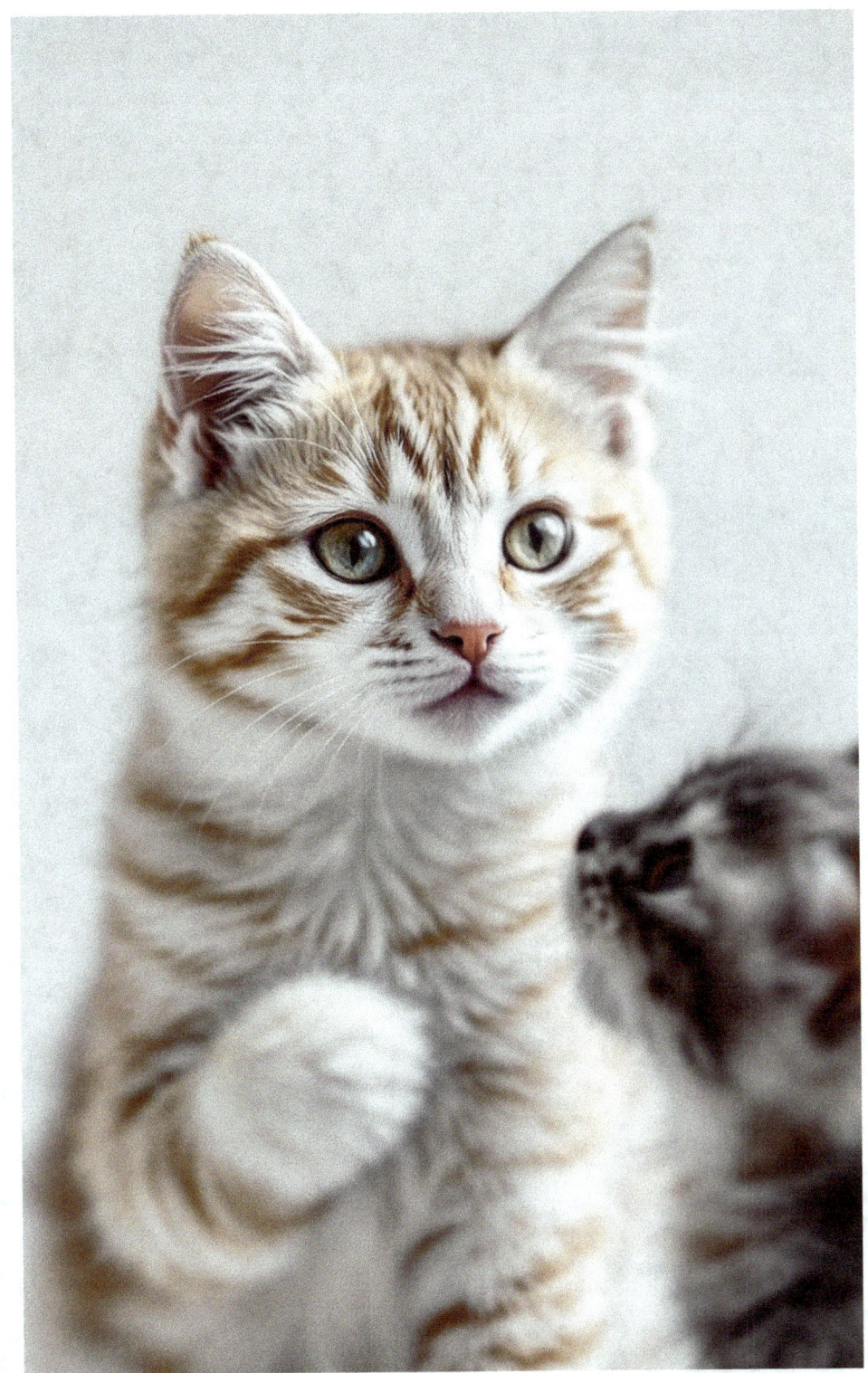

EL ECO DEL SILENCIO

EN EL RINCÓN OLVIDADO,

DUERME EL GATO SOSEGADO,

SU PAZ LLENA LA PENUMBRA,

COMO UN FARO EN LA BRUMA.

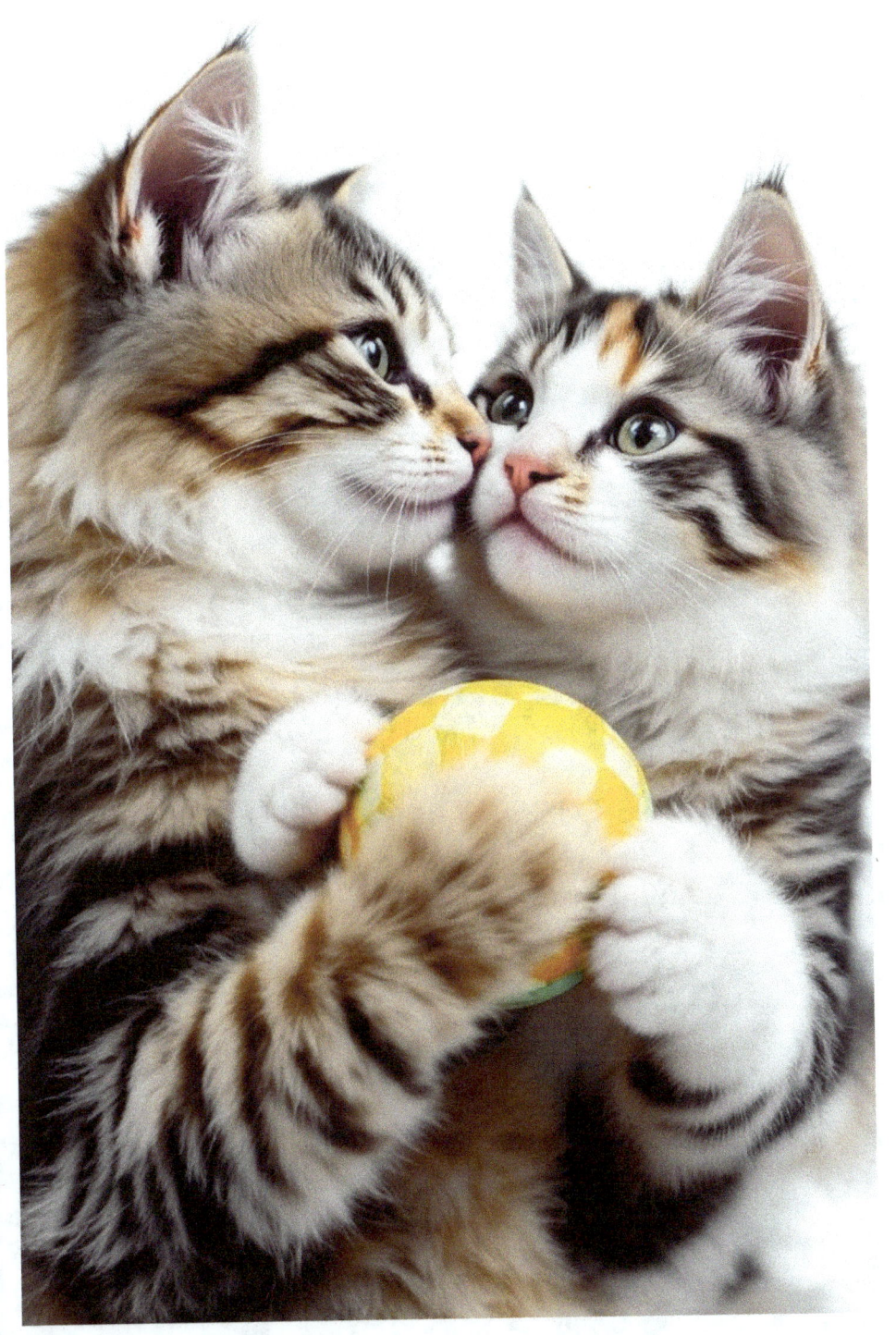

EL PEQUEÑO EXPLORADOR

POR LA CASA VA EL GATITO,

CON PASOS DE TERCIOPELO,

SUS OJOS MIRAN AL CIELO,

Y SU CORAZÓN, BENDITO.

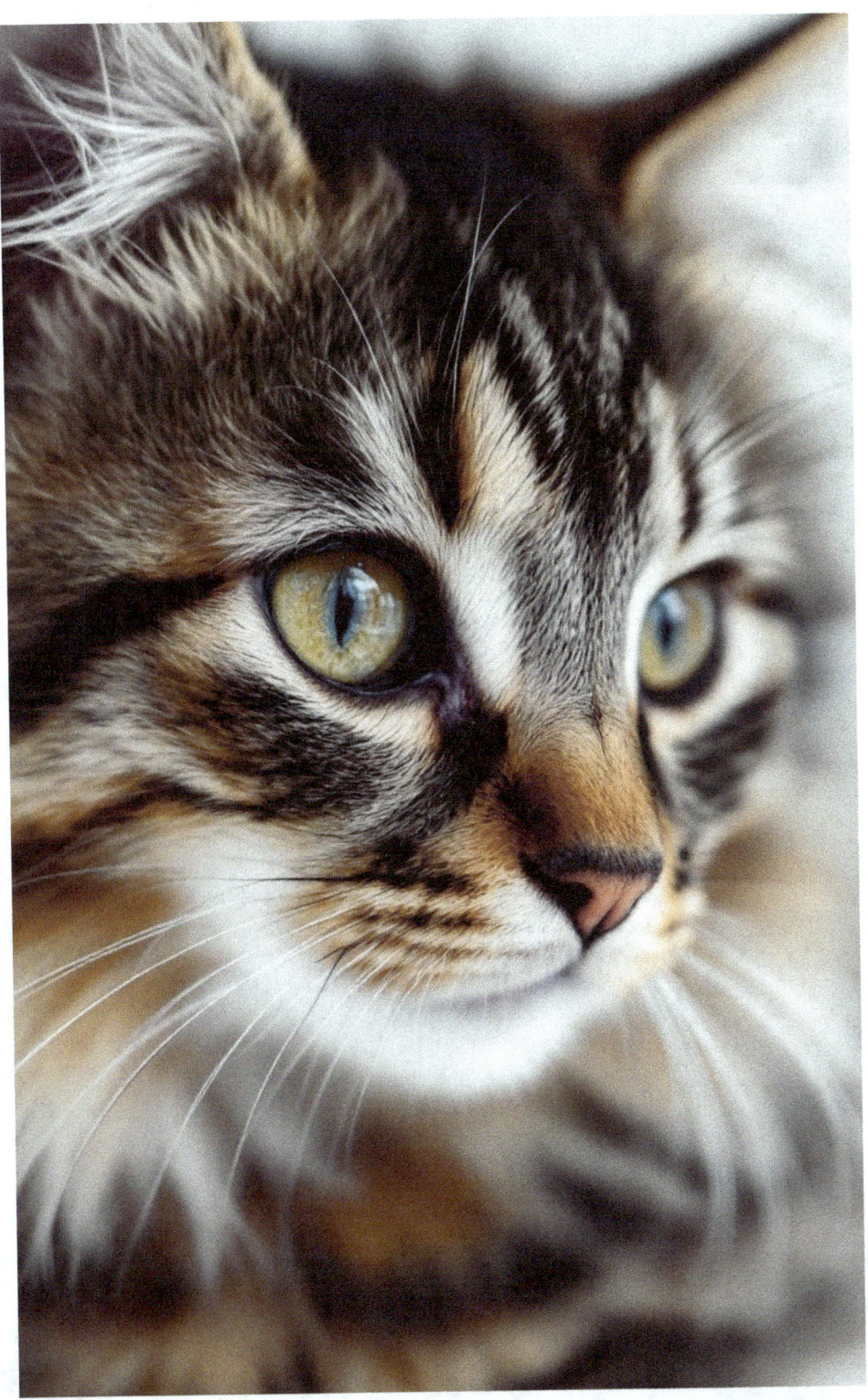

LA LLAMA EN LA CHIMENEA

FRENTE AL FUEGO DE LA TARDE,

SE ESTIRA CON LENTITUD,

EL GATO SIENTE QUE ARDE,

SU ALMA DE QUIETUD.

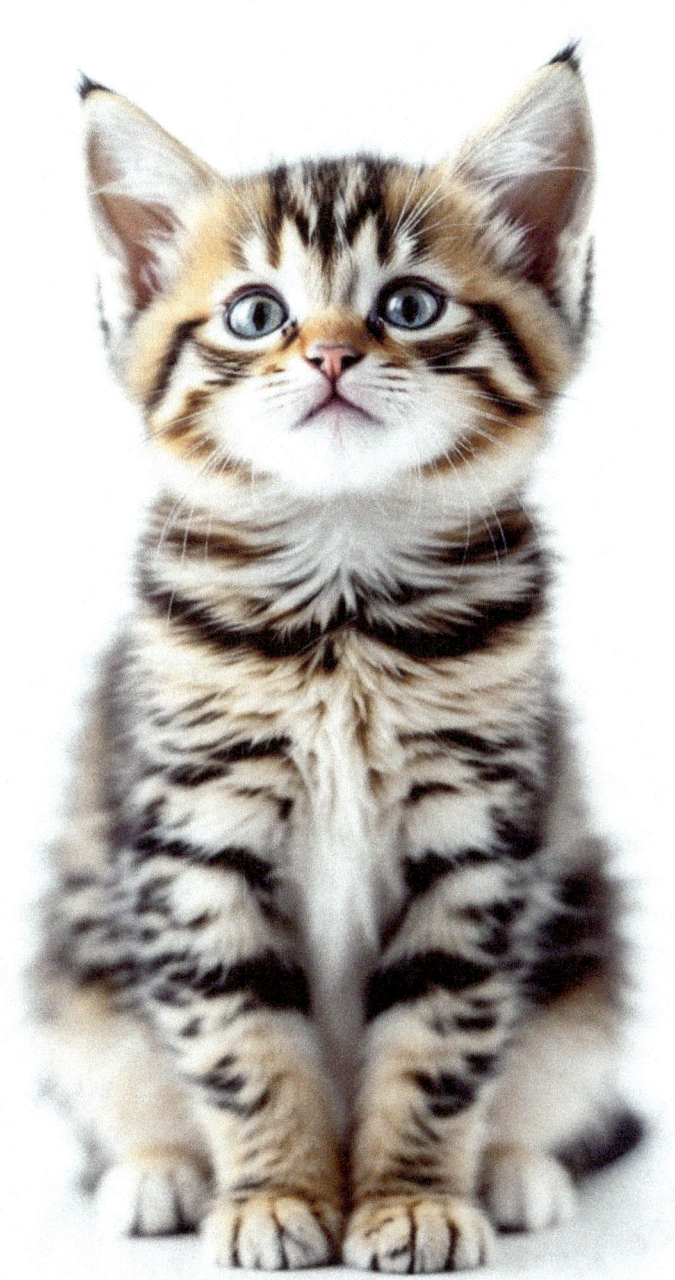

LA MELODÍA DEL PATIO

SOBRE BALDOSAS CALIENTES,

SE TIENDE EL GATO PEREZOSO,

LA TARDE DANZA SILENTE,

Y SU MUNDO ES GLORIOSO.

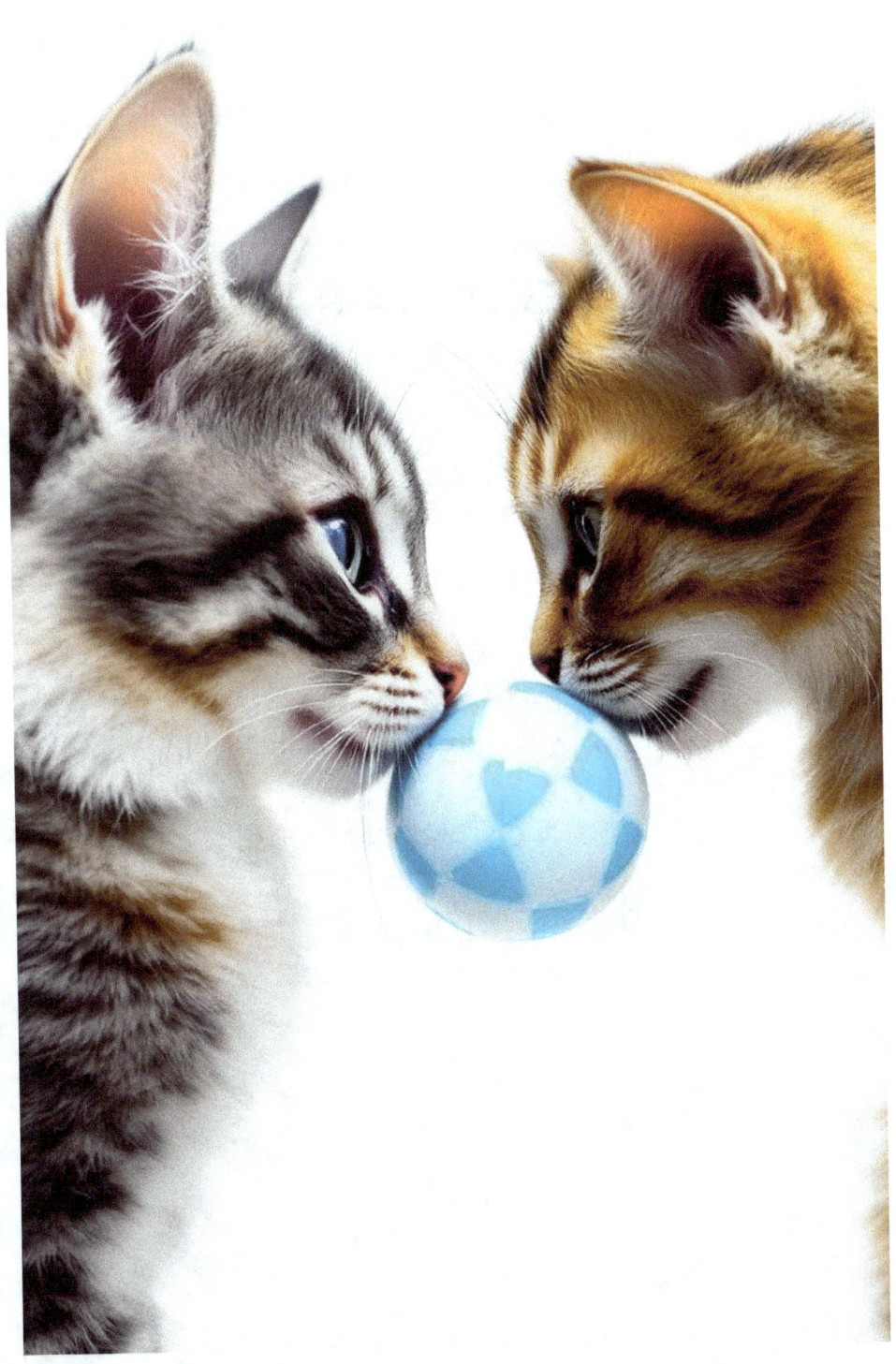

EL REY DE LA RAMA

EN LA RAMA MÁS ALTA,

DESCANSA EL PEQUEÑO FELINO,

COMO UN GUARDIÁN DIVINO,

DEL ÁRBOL QUE LO RESGUARDA.

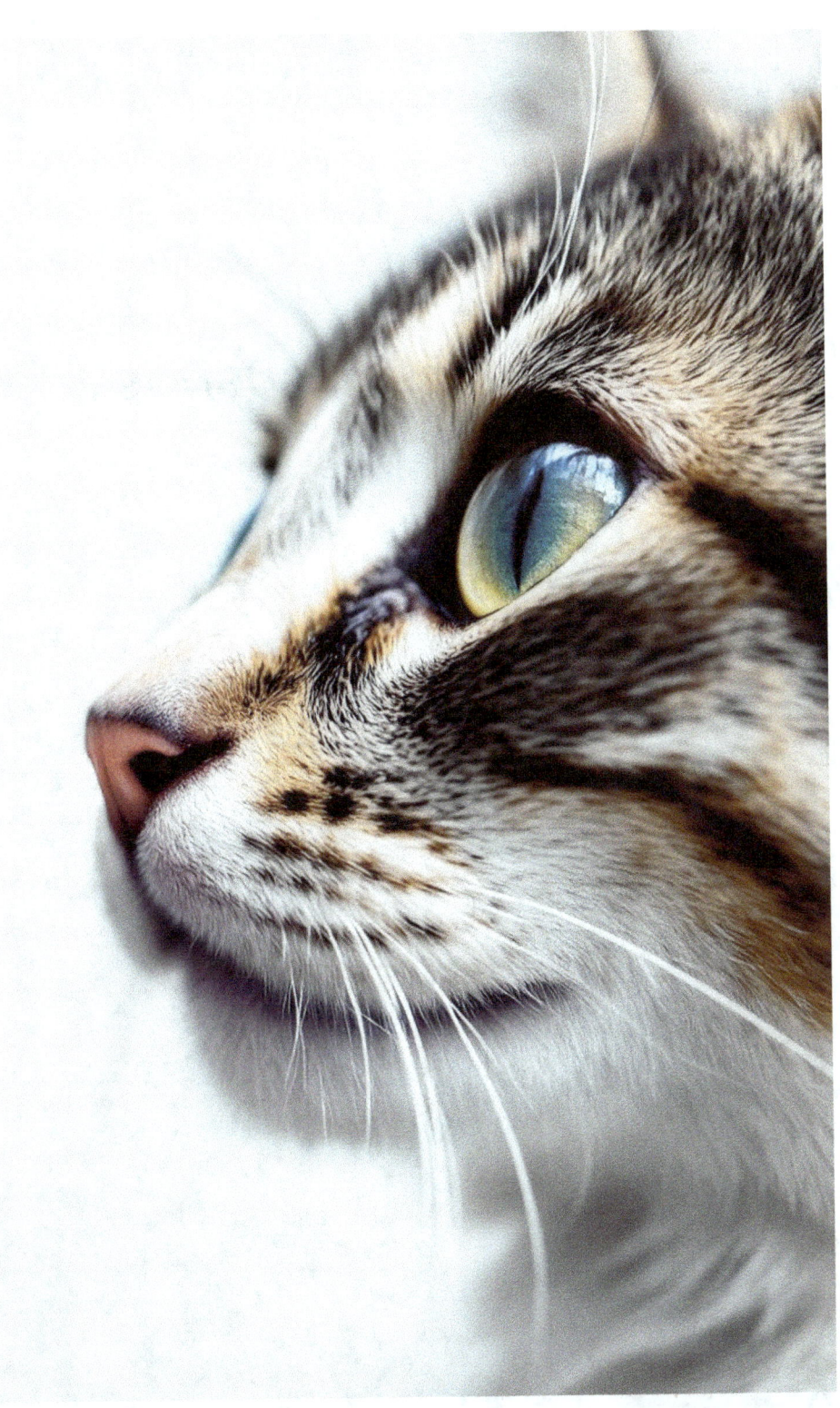

ENTRE NUBES Y SUEÑOS

SOBRE UN COJÍN MULLIDO,

EL GATO DUERME PROFUNDO,

SU RONQUIDO ES UN SUSPIRO,

QUE VIAJA A OTRO MUNDO.

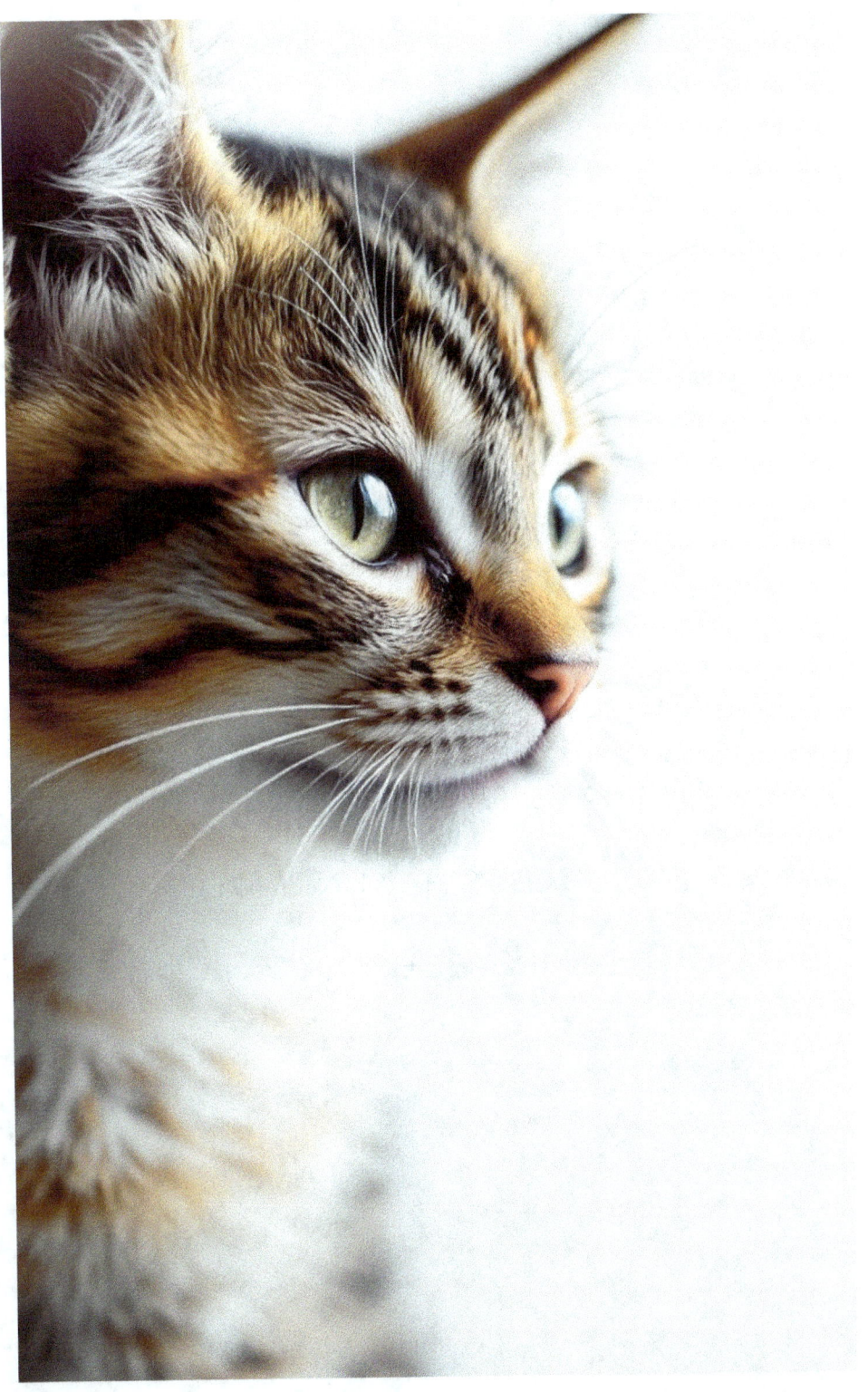

EL ESPEJO DEL AGUA

JUNTO AL ESTANQUE TRANQUILO,

MIRA EL GATO SU REFLEJO,

EN SUS OJOS HAY UN BRILLO,

QUE ILUMINA EL BOSQUE VIEJO.

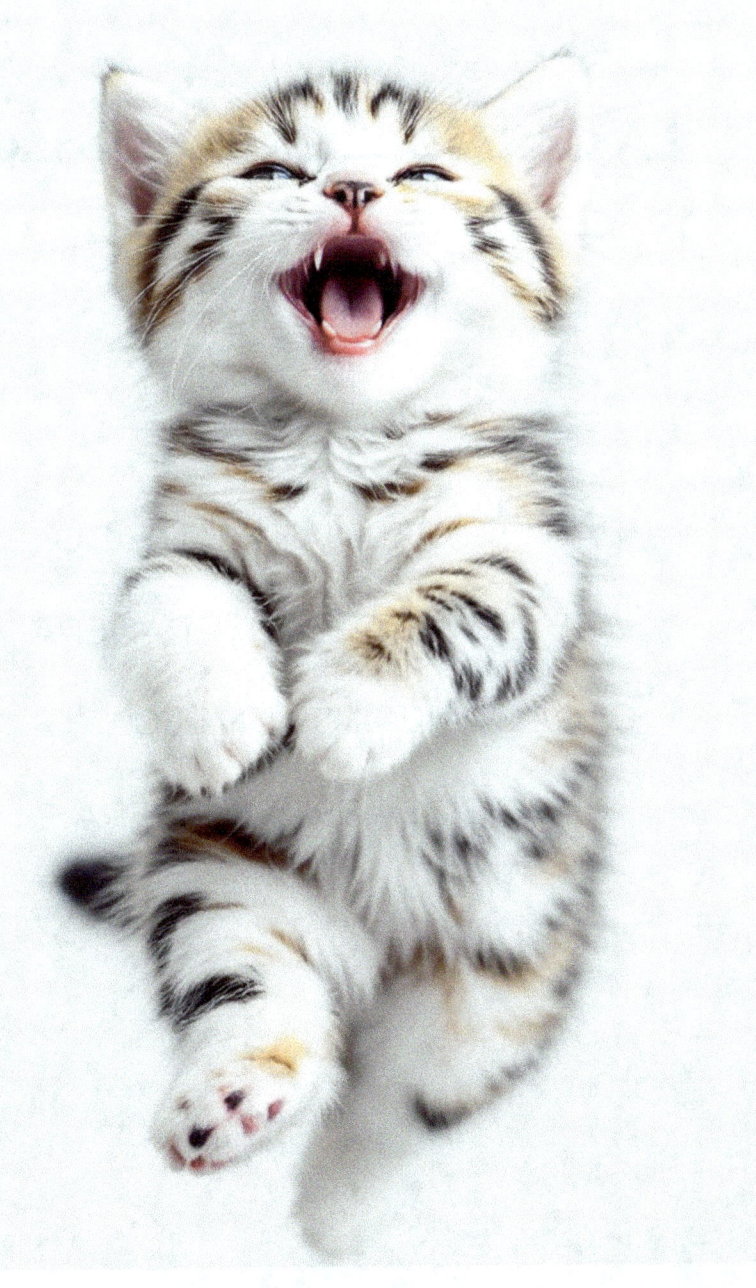

LA CAZA DEL CREPÚSCULO

BAJO EL CIELO ANARANJADO,

SALTA EL GATO EN LA PRADERA,

CADA SOMBRA ES UN LEGADO,

CADA BRISA ES PRIMAVERA.

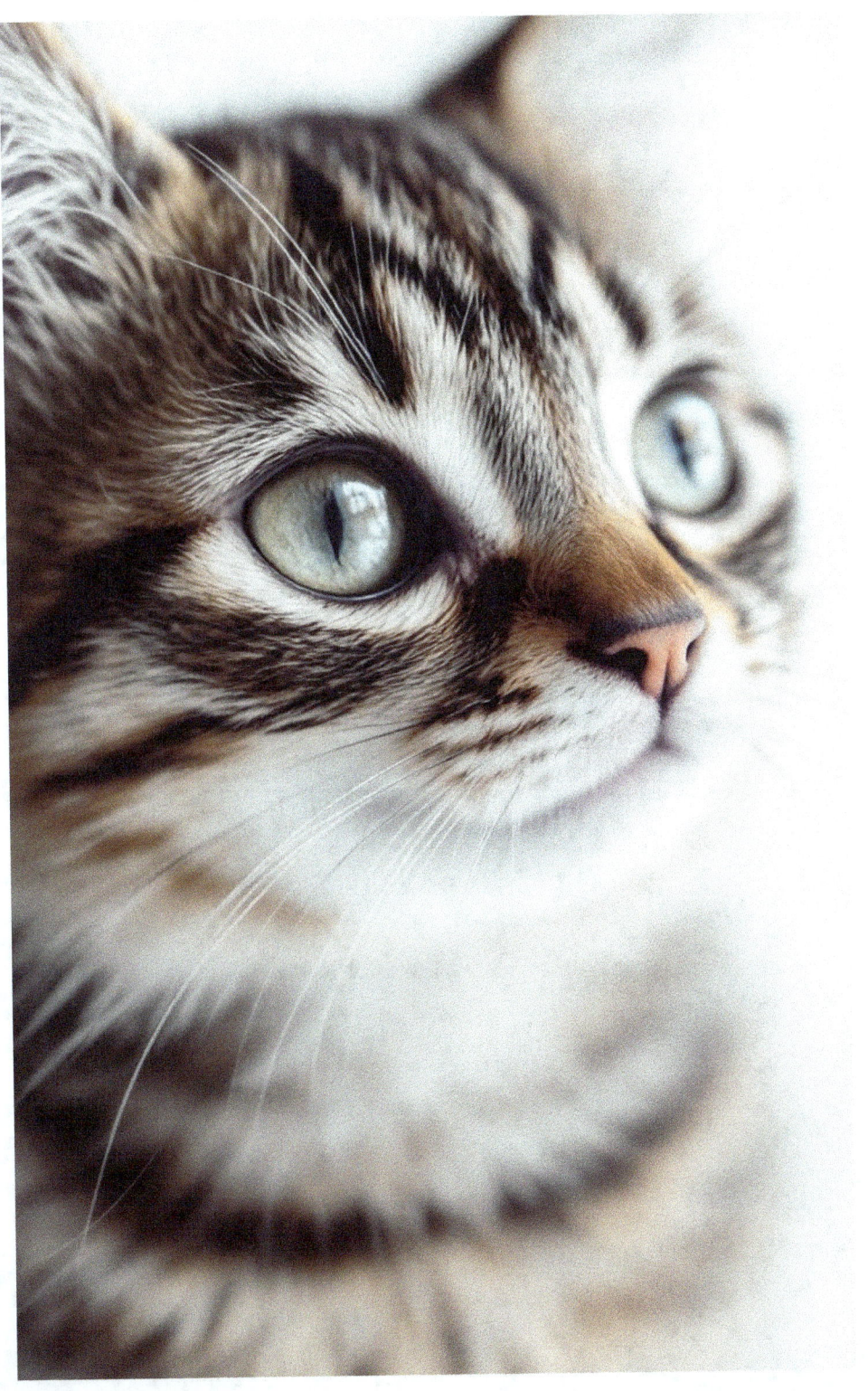

EL MURMULLO DEL VIENTO

EN EL ALFÉIZAR SENTADO,

SIENTE EL GATO EL AIRE FRESCO,

SU BIGOTE ALBOROTADO,

ES UN POEMA SIN ECO.

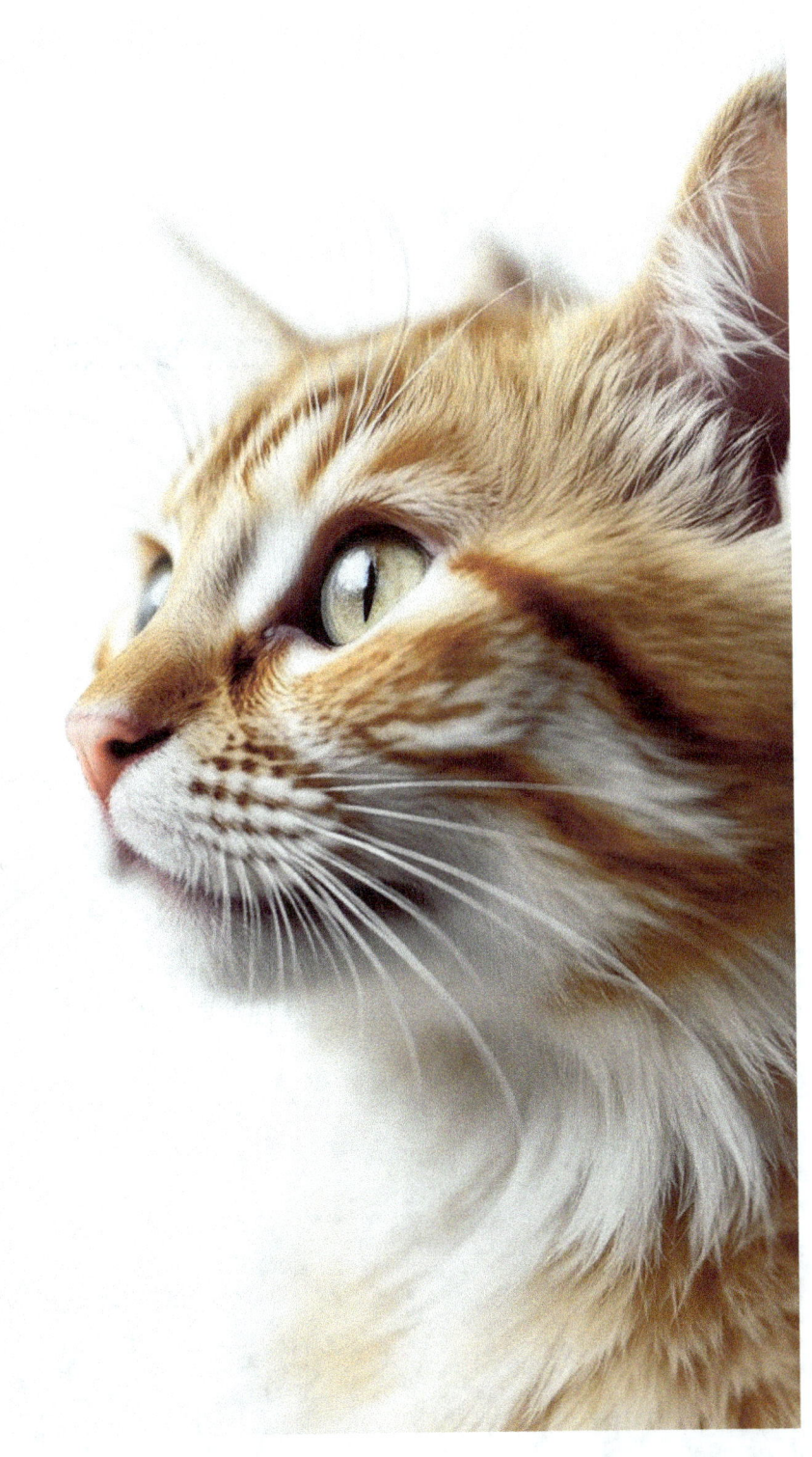

LA SENDA DEL CARACOL

POR EL JARDÍN SE DESLIZA,

TRAS UN CARACOL PACIENTE,

EL GATO EN CALMA PRECISA,

SUS PASOS CON ALMA AUSENTE.

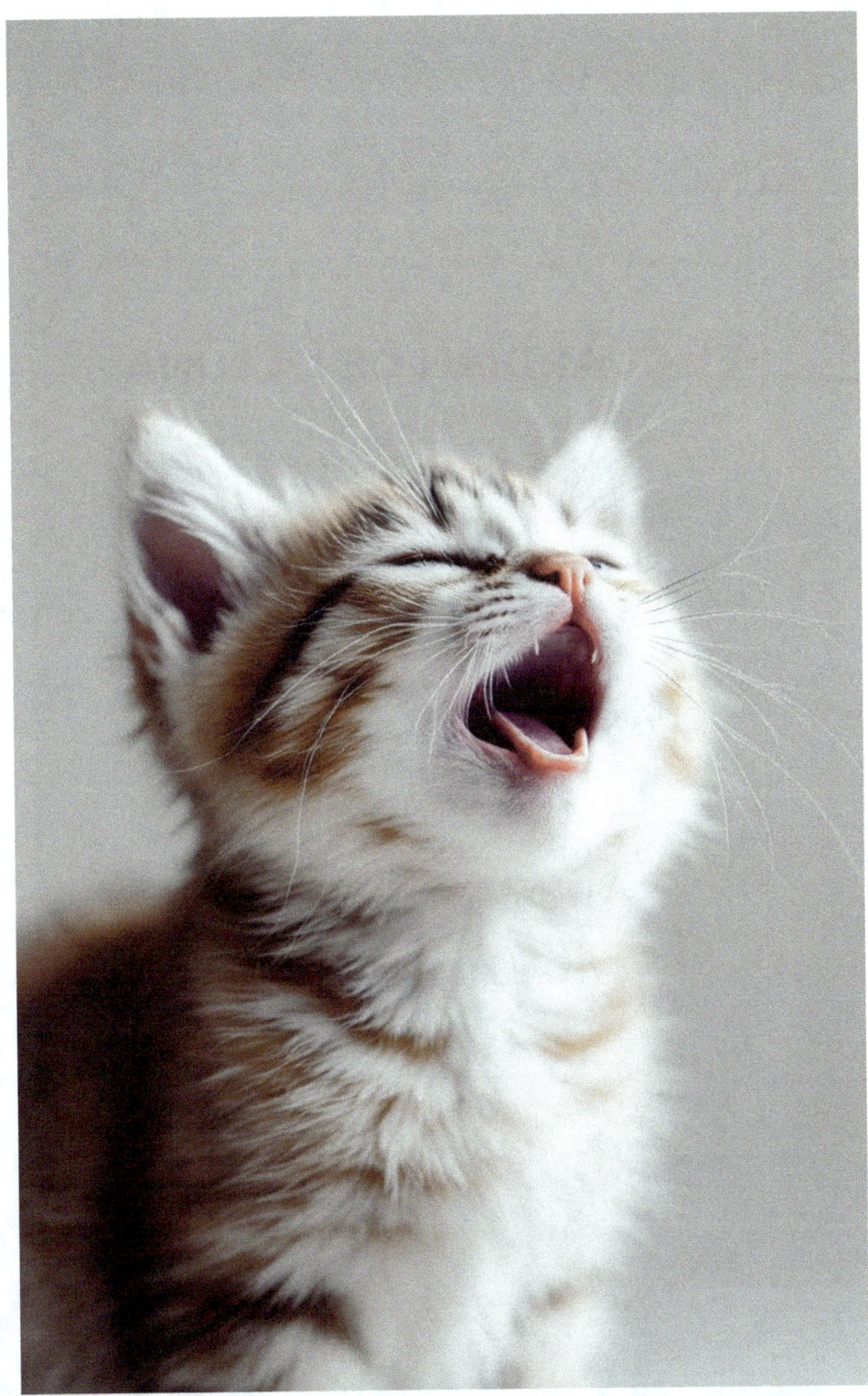

EL GUARDIÁN DE LA LUNA

CUANDO LA NOCHE APARECE,

EL GATO NEGRO VIGILA,

LA LUNA LO FAVORECE,

Y LA CALMA SE PERFILA.

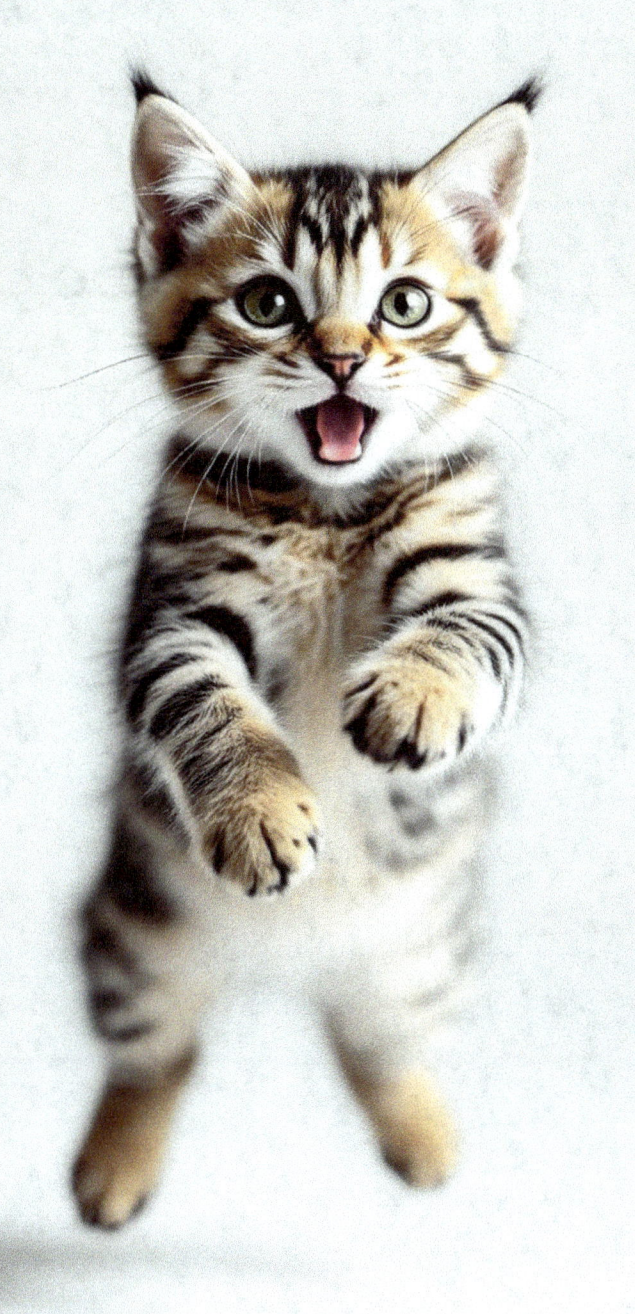

EL ECO DEL TEJADO

SOBRE EL VIEJO TEJADO,

BAILA EL GATO BAJO ESTRELLAS,

CADA PASO ACOMPASADO,

ES UN HIMNO HACIA ELLAS.

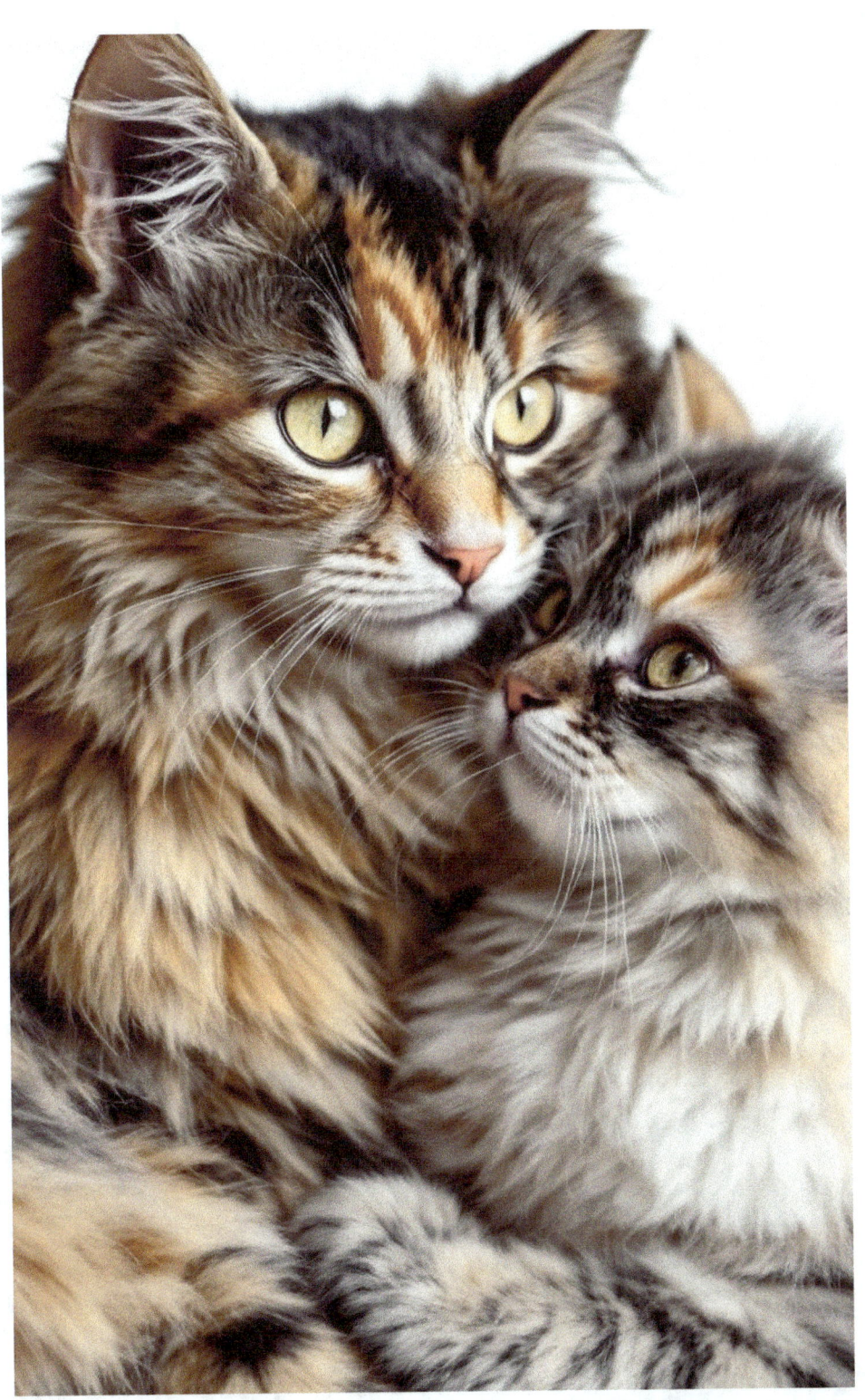

LA GUARIDA DEL SOFÁ

BAJO EL SOFÁ DORMIDO,

SE ESCONDE UN SUEÑO PEQUEÑO,

EL GATO VIVE PERDIDO,

EN EL RINCÓN DE SUS SUEÑOS.

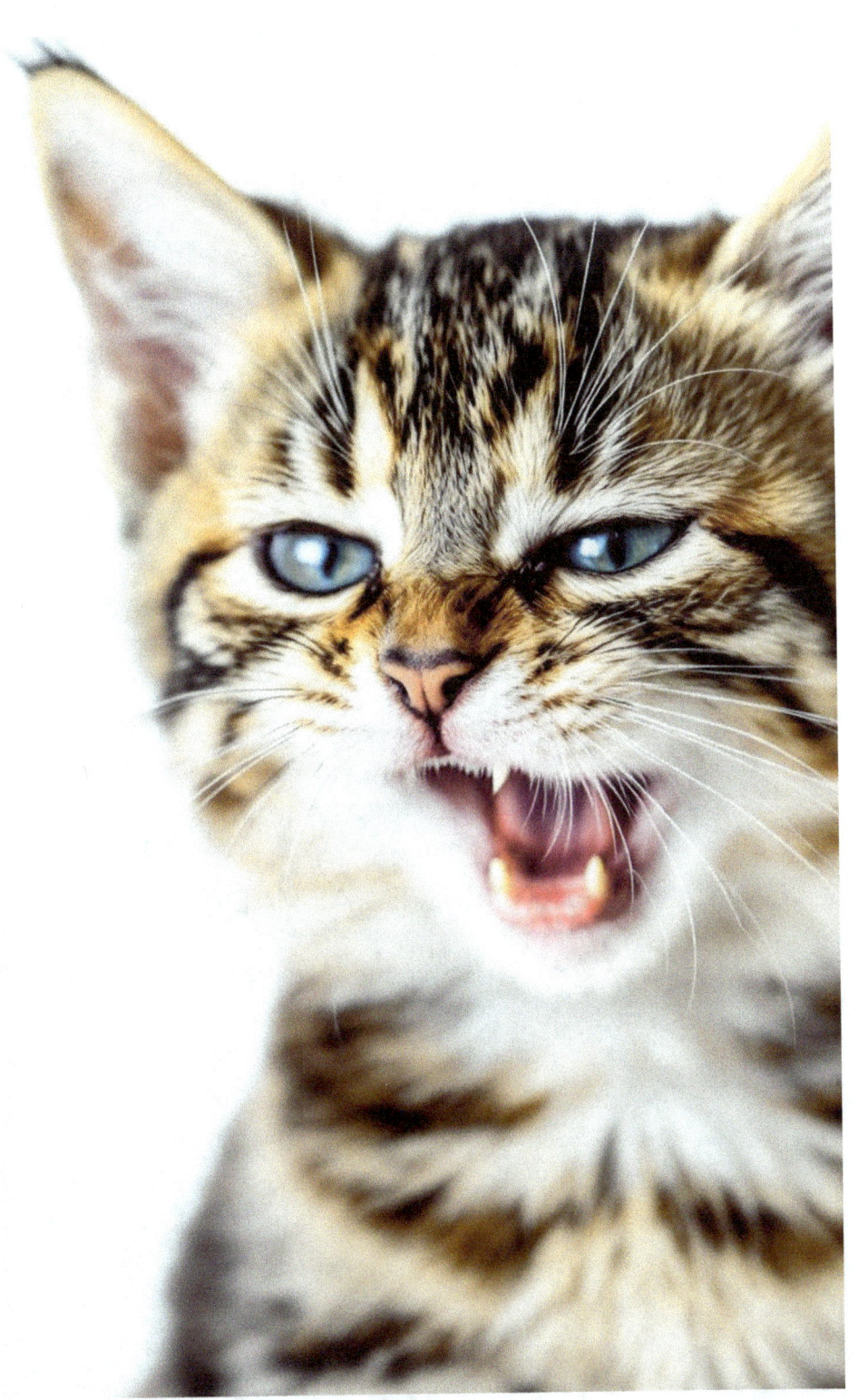

EL CANTO DEL MEDIODÍA

EN EL BALCÓN SOLEADO,

RONRONEA EN ARMONÍA,

EL GATO SE VE CALMADO,

CANTA AL CALOR DEL DÍA.

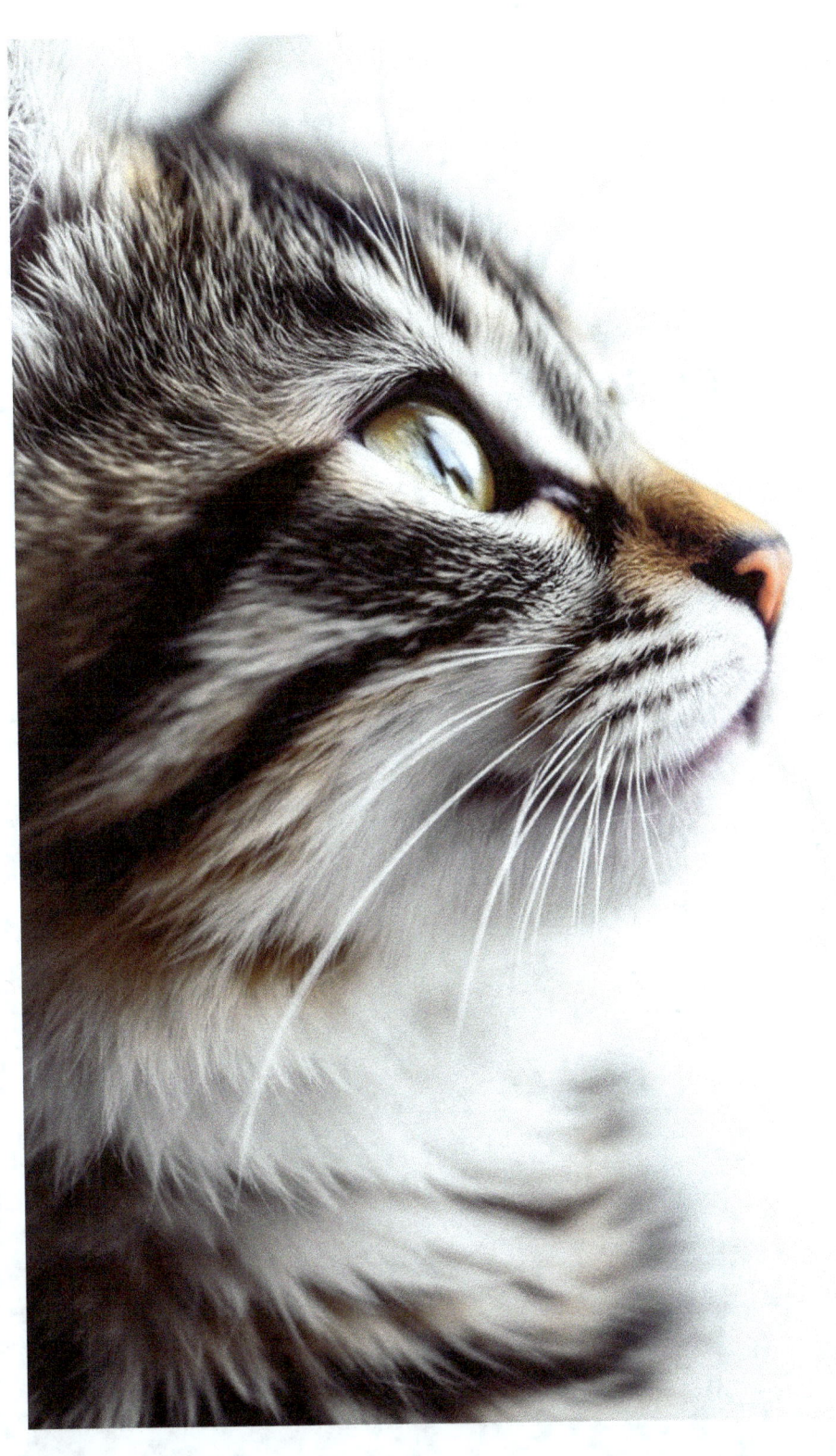

EL SALTO HACIA EL SOL

UN BRINCO HACIA EL HORIZONTE,

SUS PATAS TOCAN EL CIELO,

EL GATO SALTA UN MONTE,

CON UN GRACIOSO REVUELO.

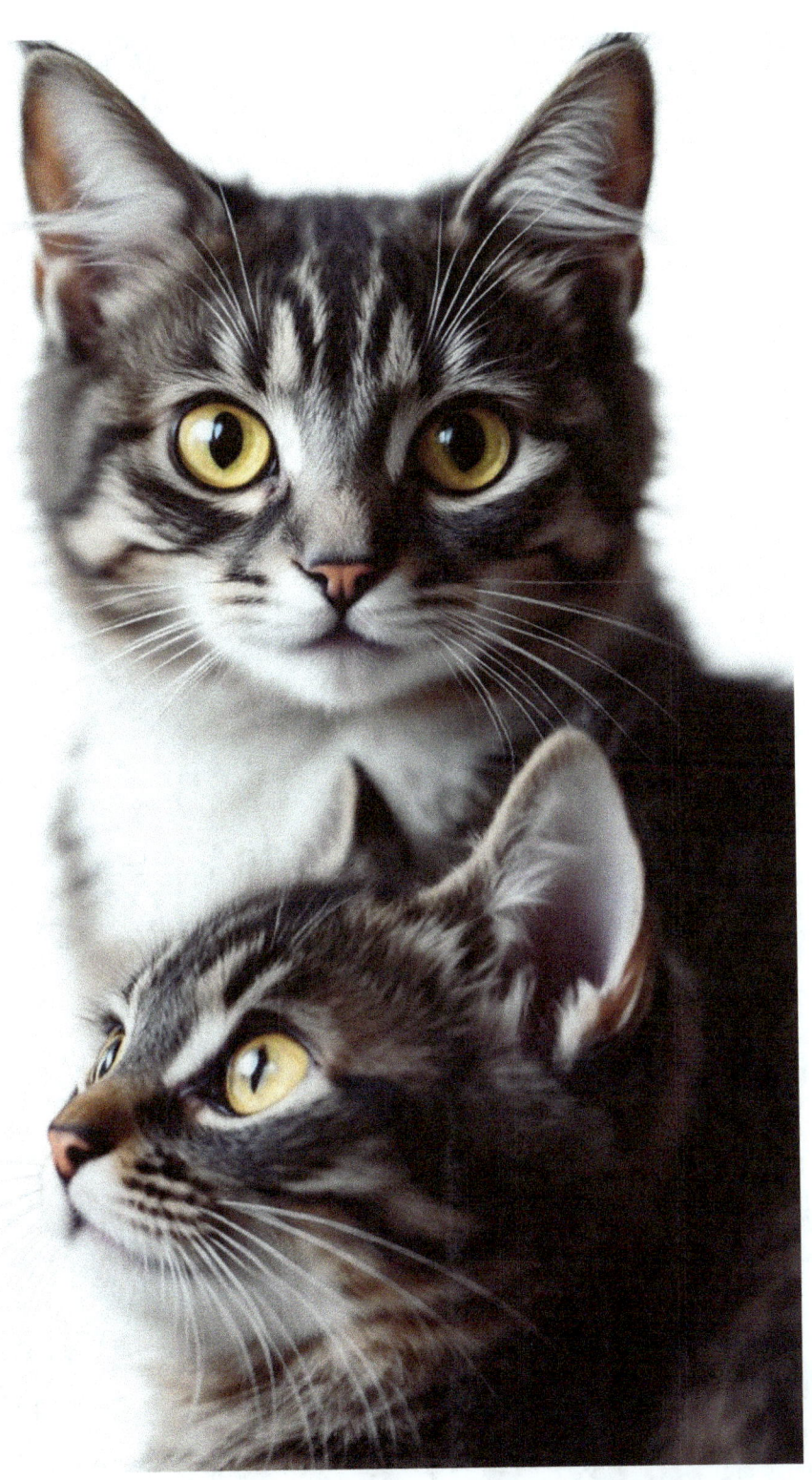

LA DANZA DE LA BRISA

ENTRE HOJAS SECAS Y TIERRA,

JUEGA EL GATITO TRAVIESO,

CADA SALTO QUE SE AFERRA,

ES UN BAILE, UN UNIVERSO.

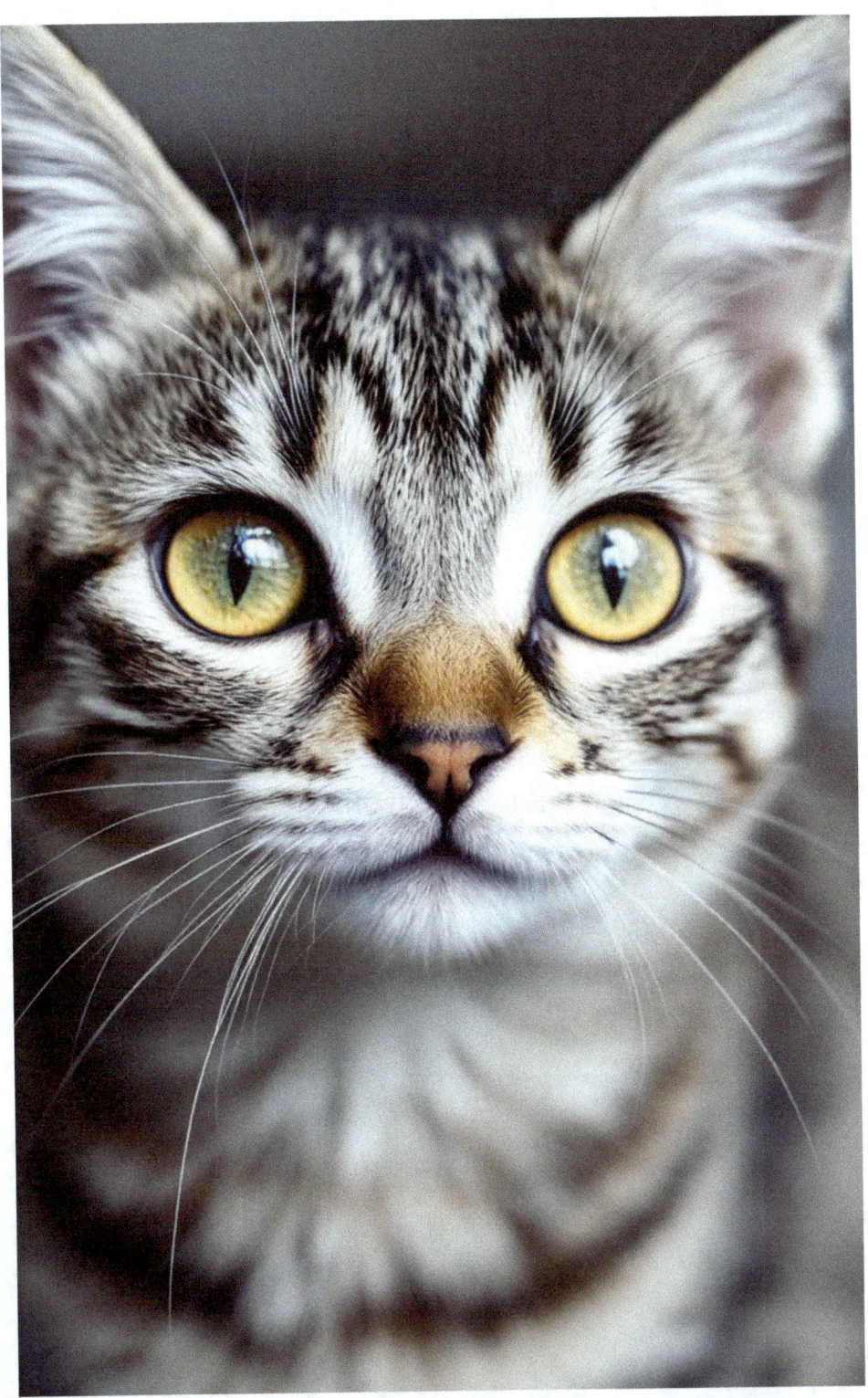

EL GUARDIÁN DEL UMBRAL

EN LA PUERTA, SIEMPRE ALERTA,

MIRA EL GATO EN LA PENUMBRA,

CON MIRADA DESCUBIERTA,

VIGILA LO QUE DESLUMBRA.

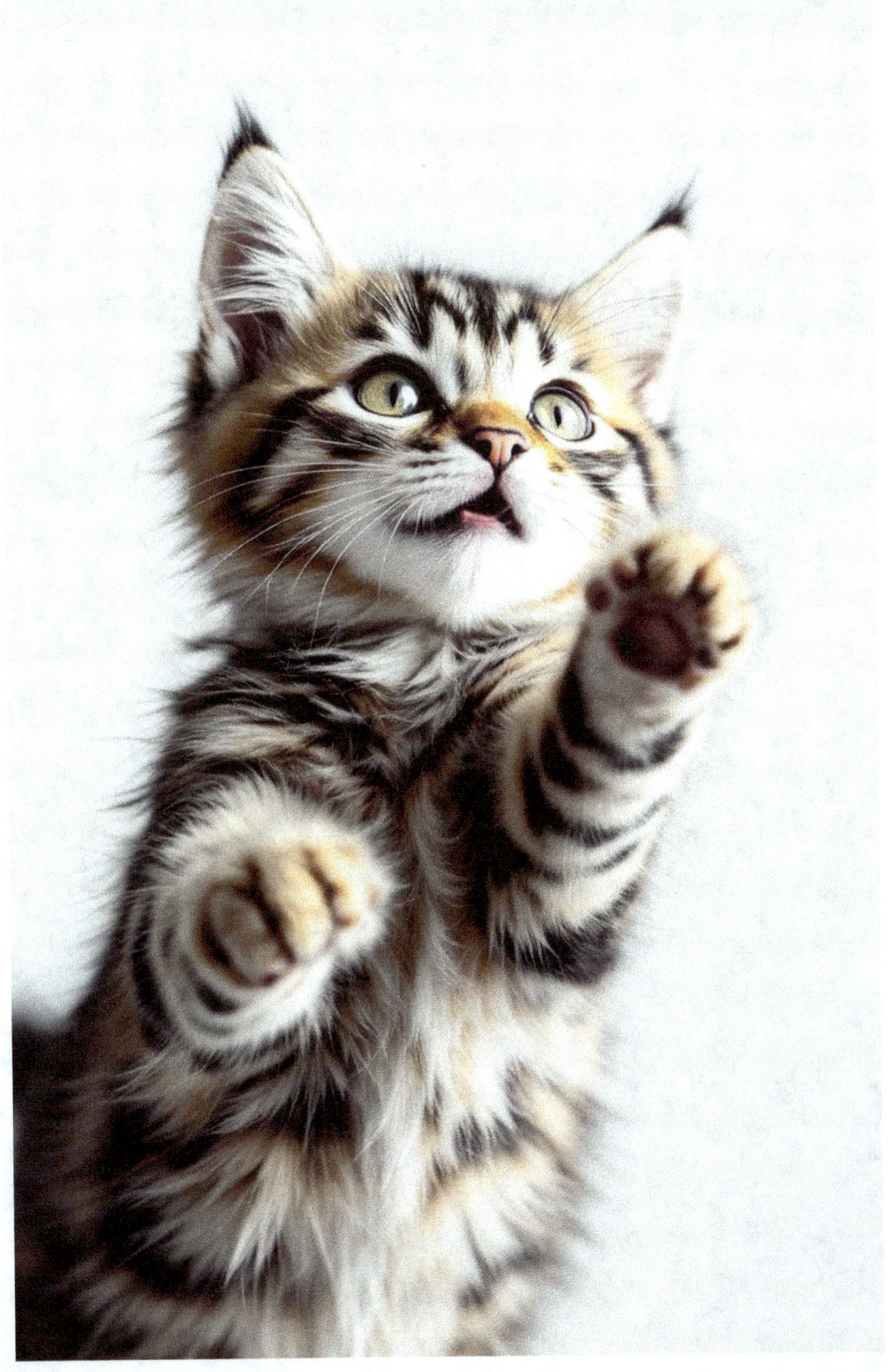

LOS PASOS DEL AMANECER

ENTRE LA HIERBA MOJADA,

CAMINA EL GATO DESPACIO,

SU SOMBRA QUEDA GRABADA,

BAJO UN CIELO TAN ESCASO.

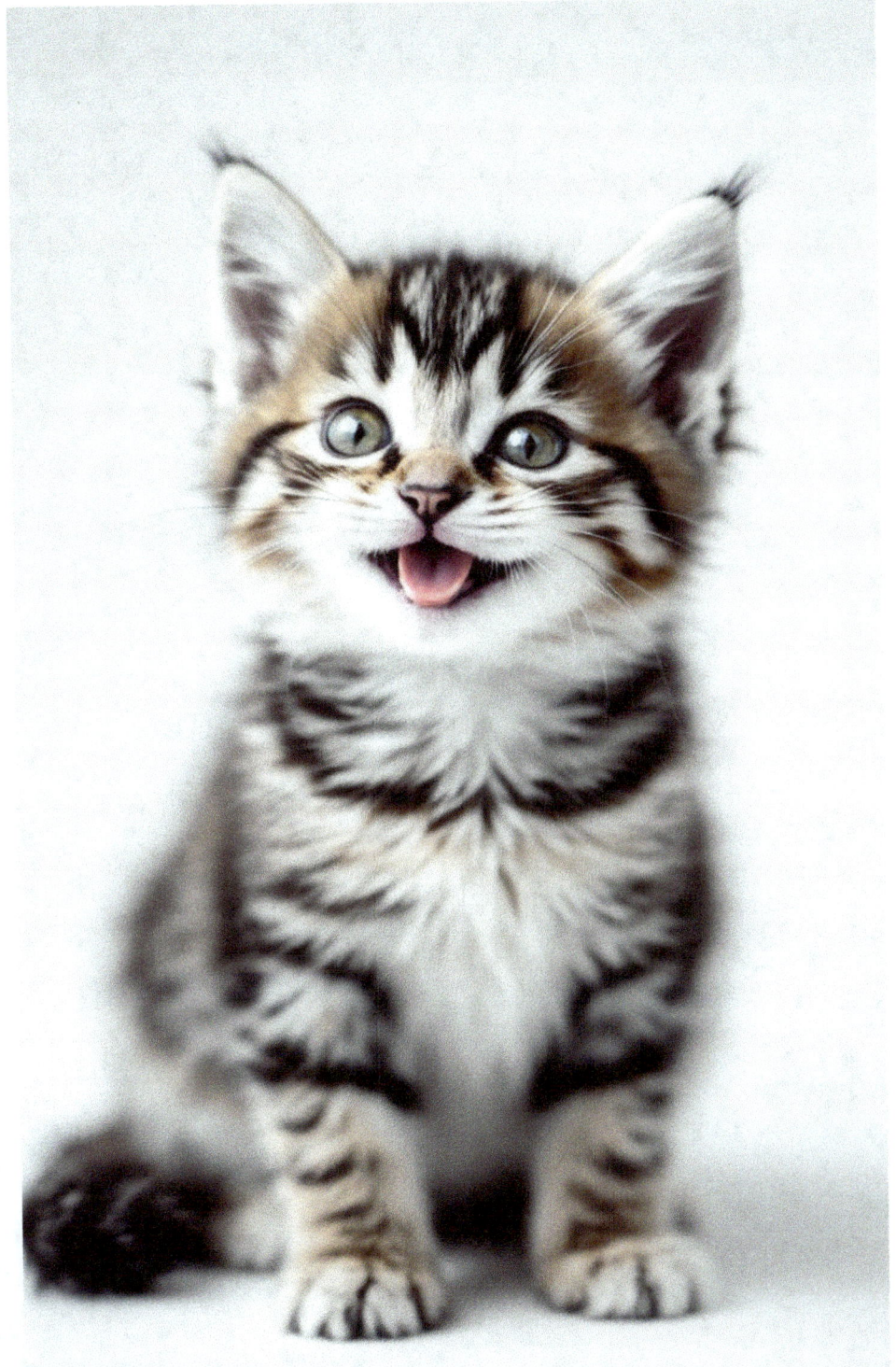

EL POEMA DEL FUEGO

FRENTE A LAS LLAMAS ARDIENTES,

SE ENROLLA EL GATO EN SILENCIO,

ES UN POEMA LATENTE,

QUE AL HOGAR PRESTA SU ESENCIA.

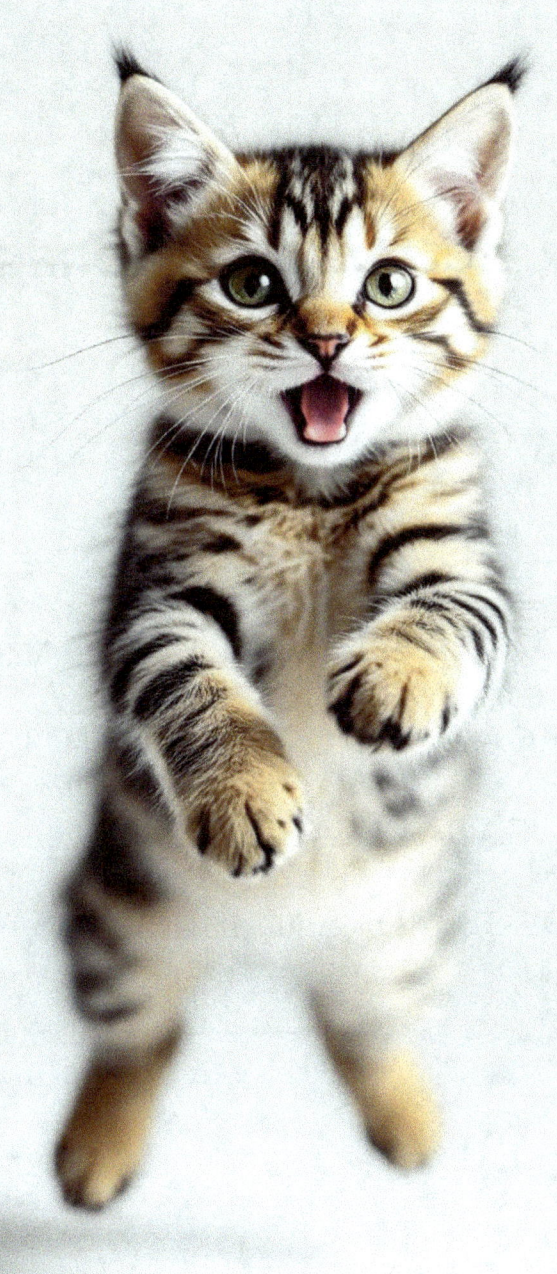

EL ECO DE LAS FLORES

BAJO LA SOMBRA DEL ROSAL,

JUEGA EL GATO EN SU REFUGIO,

CADA PÉTALO ES SEÑAL

DE SU VIDA SIN MURMULLO.

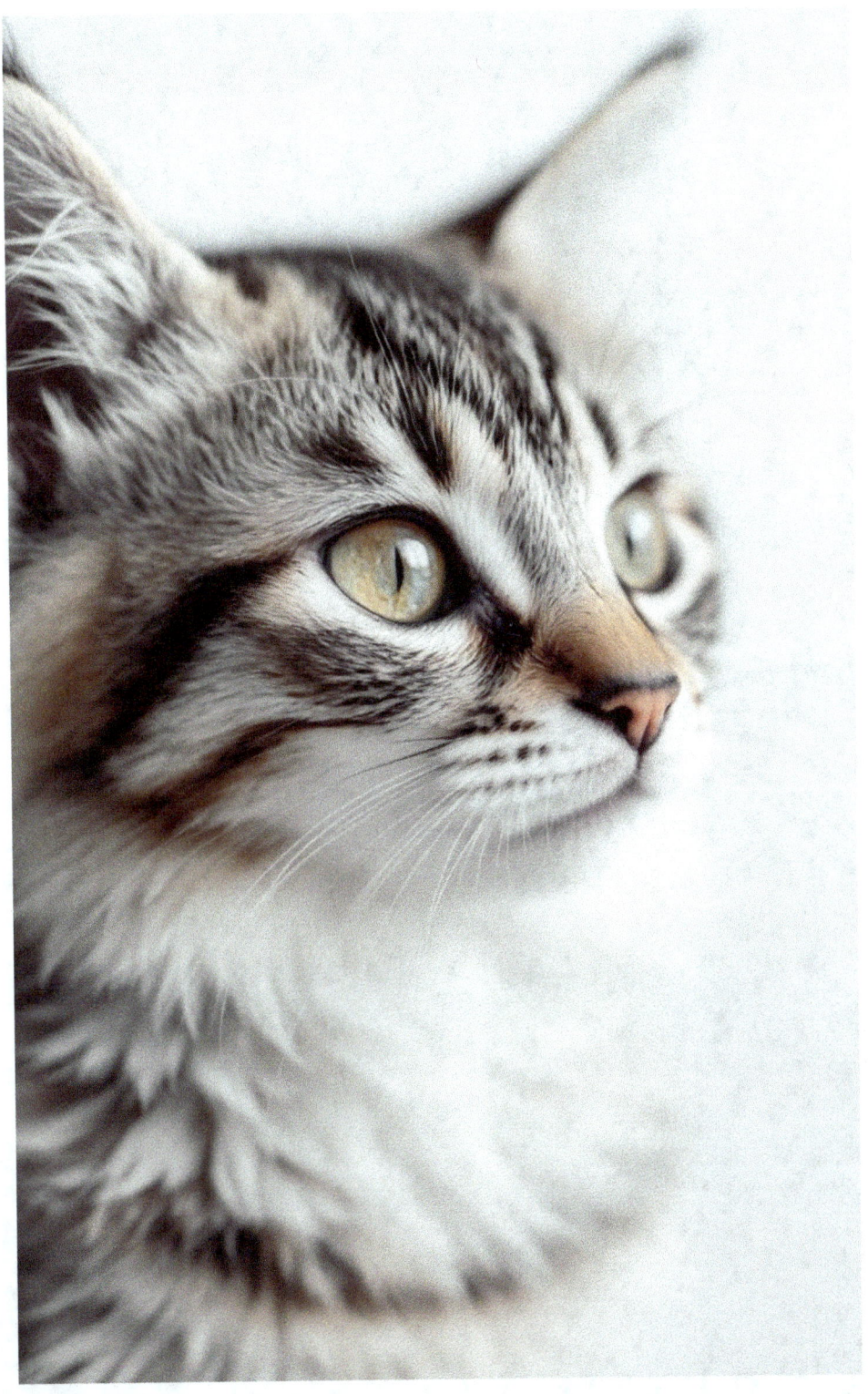

LA CUMBRE DEL ARMARIO

EN LA CIMA DEL ARMARIO,

EL GATO SE ALZA SERENO,

SU REINO ES IMAGINARIO,

Y SU TRONO, DE RELLENO.

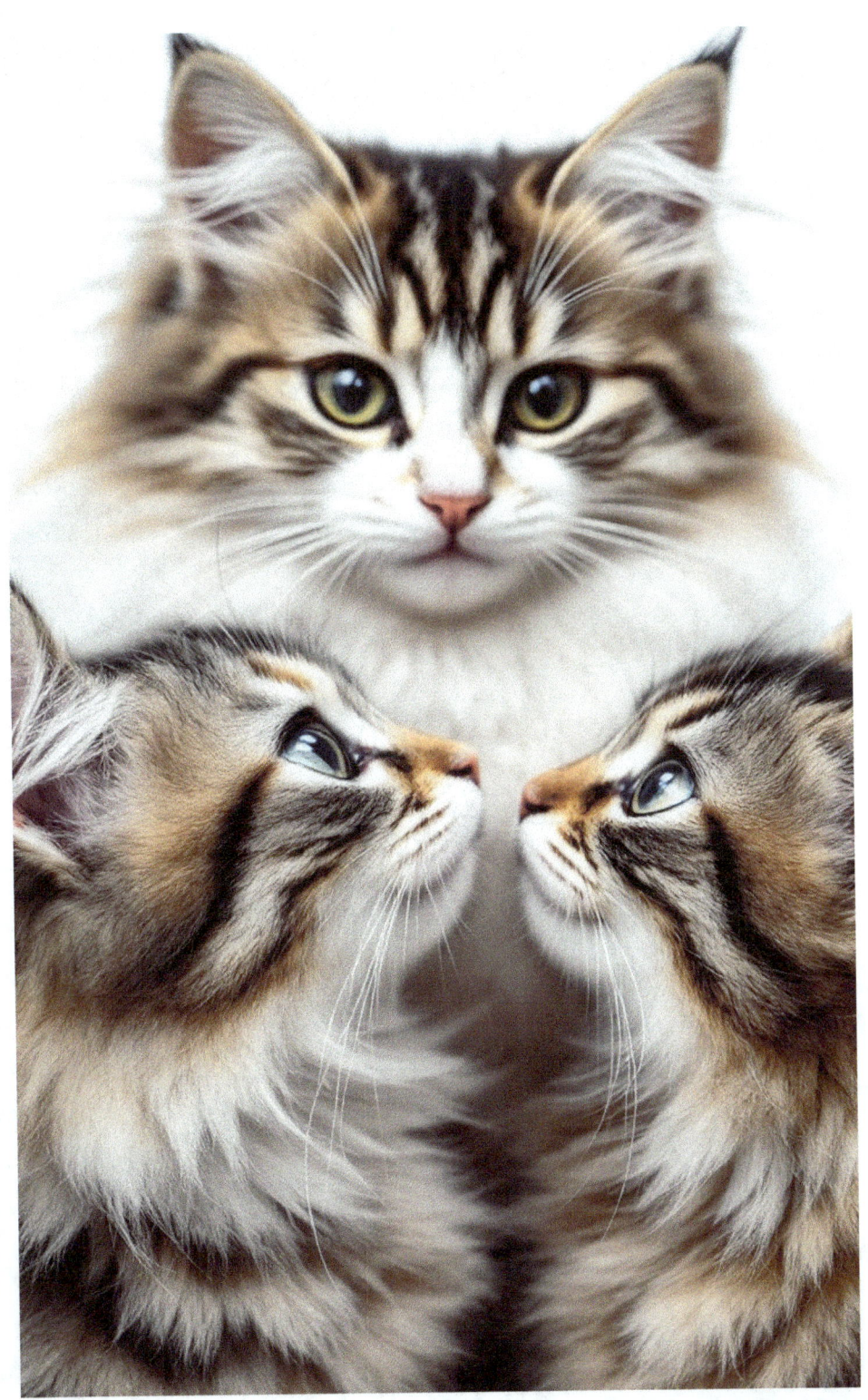

EL TESORO ESCONDIDO

BAJO UN COJÍN OLVIDADO,

GUARDA EL GATO UN GRAN SECRETO,

SU MIRADA LO HA SELLADO,

CON UN CANDADO DISCRETO.

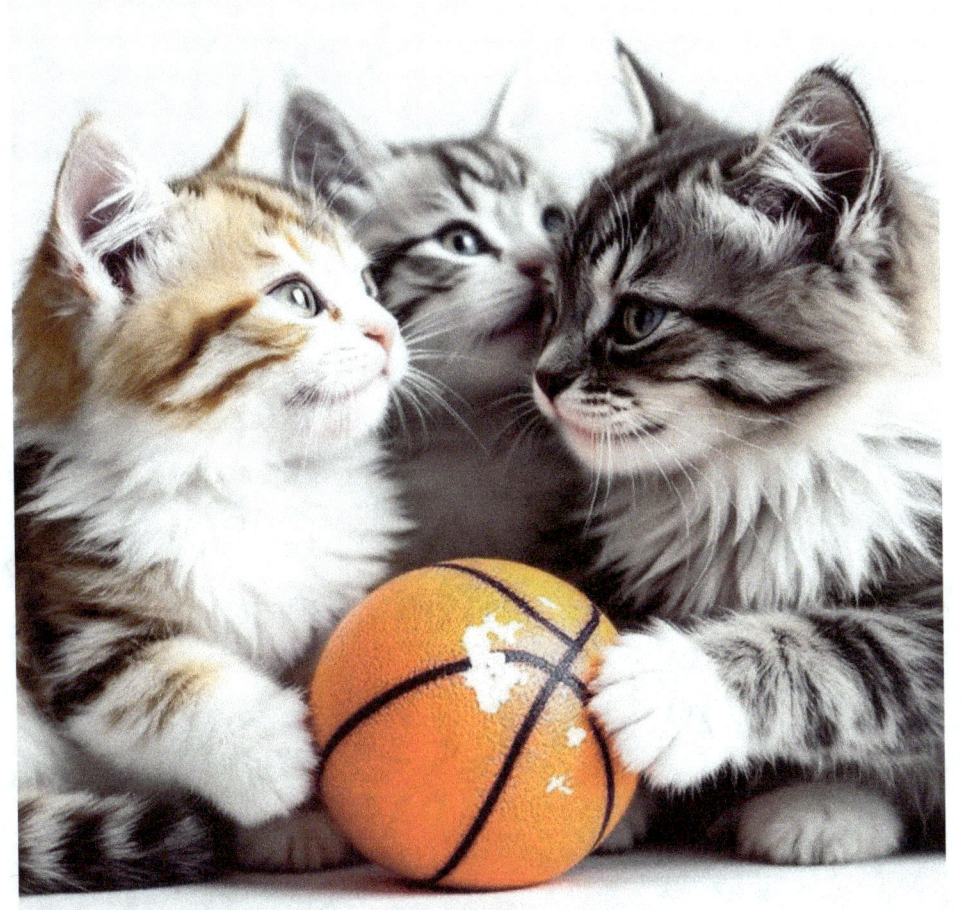

EL ECO DE LA TARDE

EN LA PENUMBRA CALMADA,

RONRONEA EL GATO VIEJO,

SU SOMBRA SE VE ALARGADA,

ES UN INSTANTE TAN BELLO.

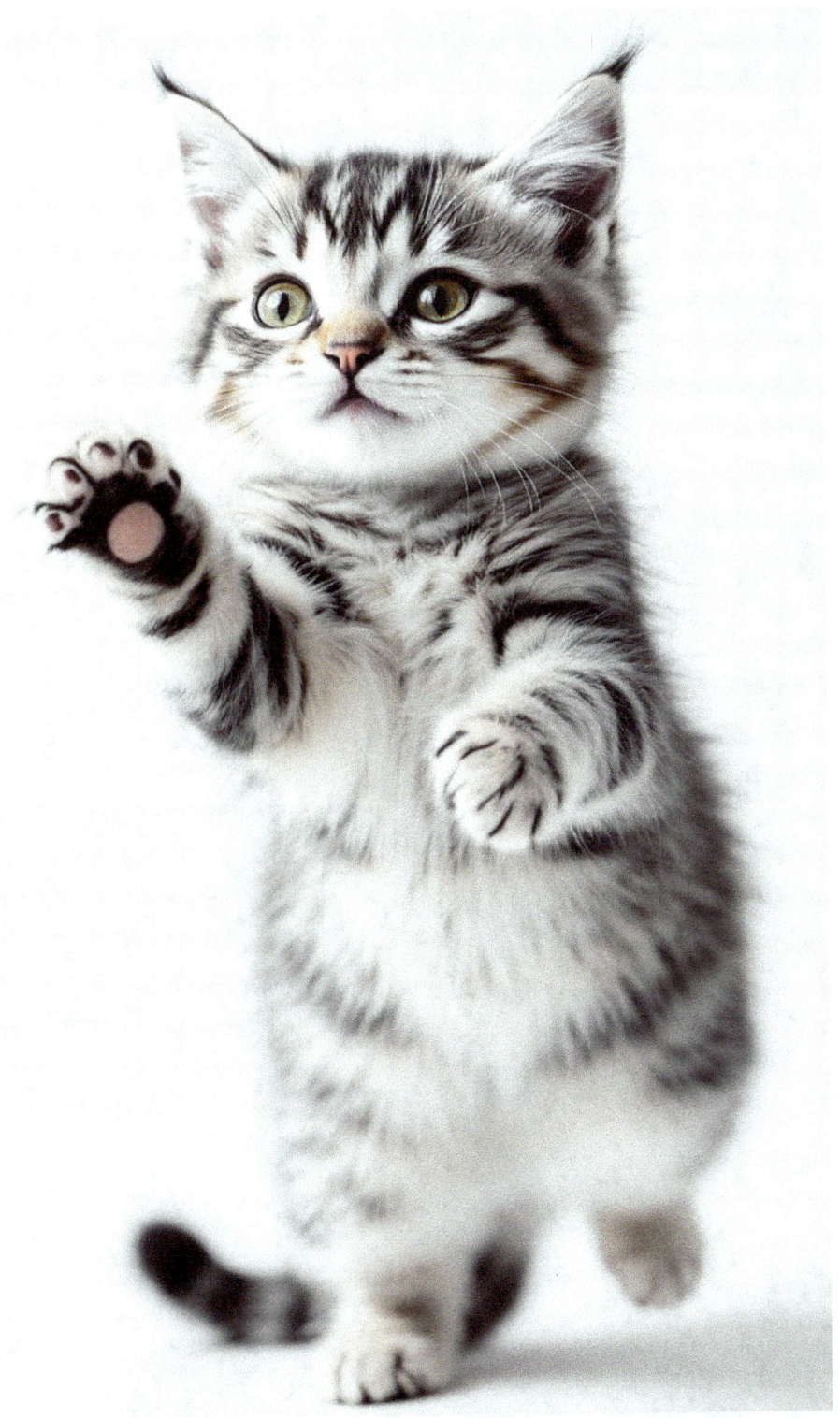

EL REY DEL JARDÍN

EN EL VERDE PRADO JUEGA,

COMO REY DE LA PRADERA,

SU SALTO NUNCA SE FRENA,

SU ALEGRÍA NUNCA NIEGA.

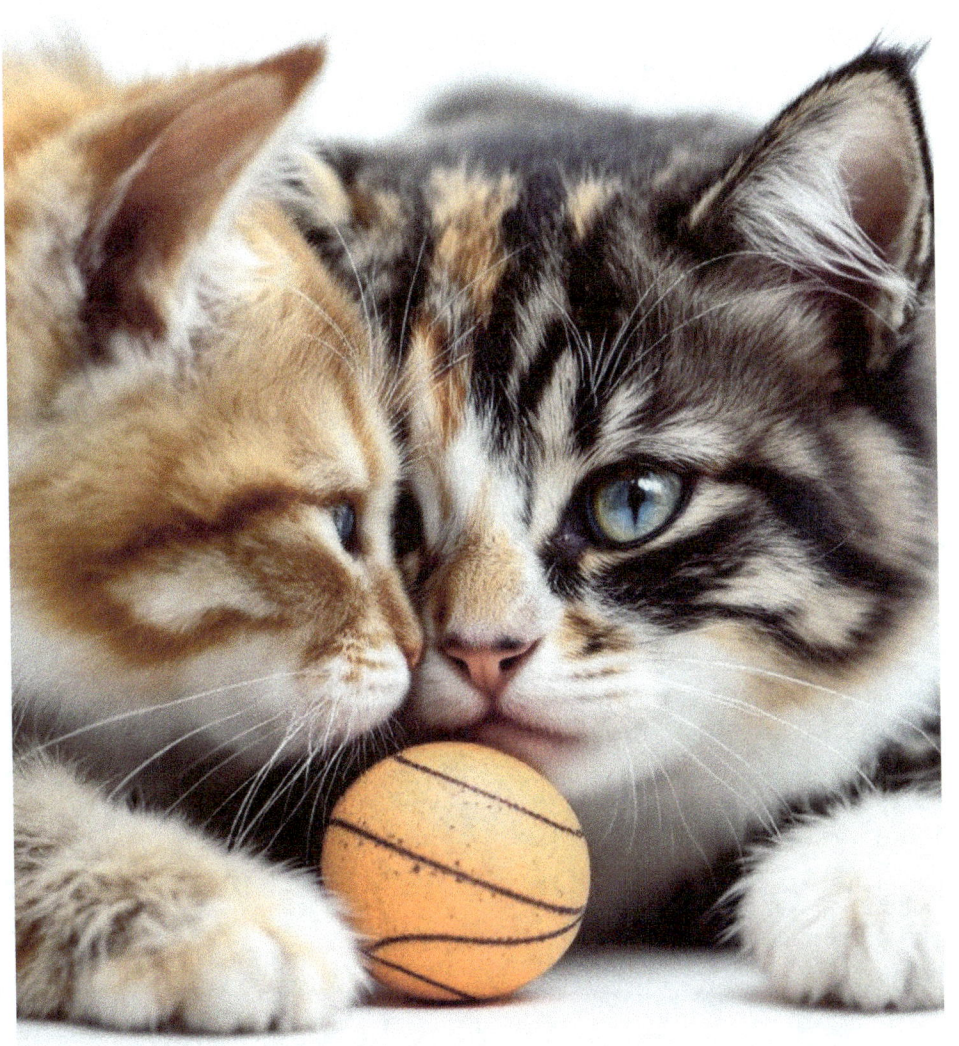

LA LUZ DE LA VENTANA

POR EL CRISTAL PASA EL RAYO,

QUE ACARICIA AL GATO PARDO,

SU PIEL GUARDA EL CÁLIDO FALLO,

DE UN SOL QUE NUNCA ES AMARGO.

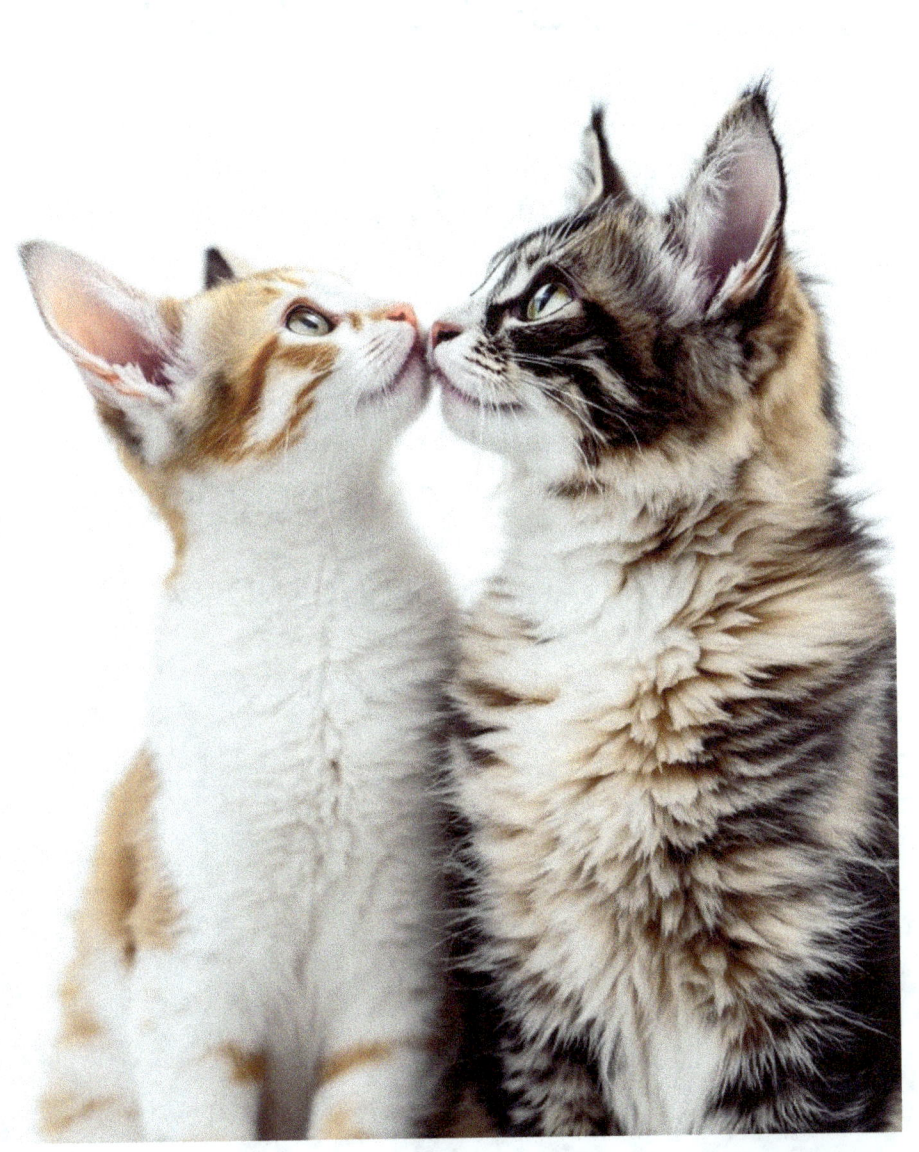

EL AROMA DEL HOGAR

EN LA COCINA ENCENDIDA,

SE ACERCA EL GATO CURIOSO,

CON NARIZ TAN ENCENDIDA,

SU ANDAR ES SIGILOSO.

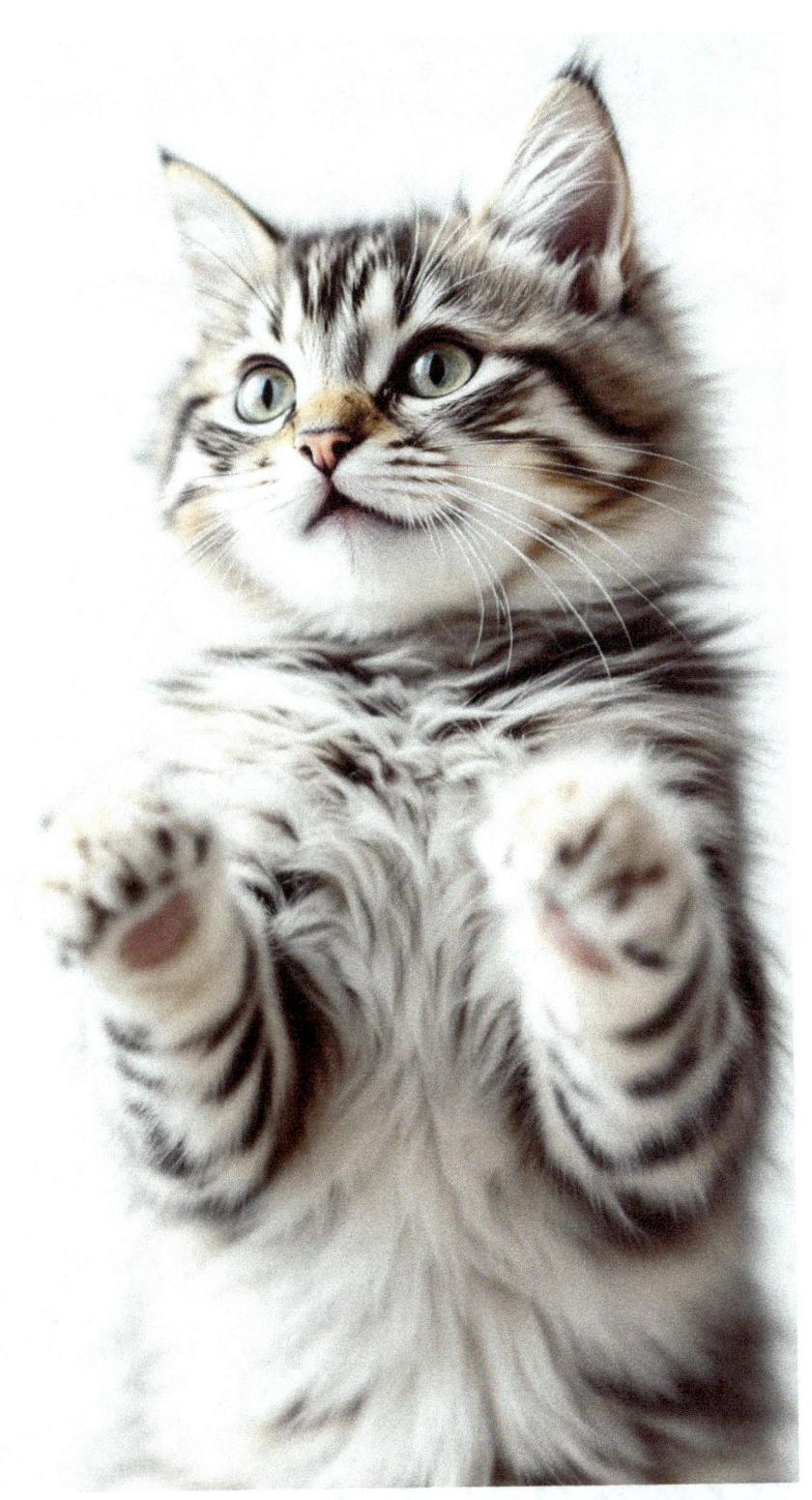

EL ECO DEL ESPEJO

ANTE EL CRISTAL PULIDO,

MIRA EL GATO SU REFLEJO,

Y AUNQUE ESTÁ CONFUNDIDO,

JUEGA CON SU MISMO ESPEJO.

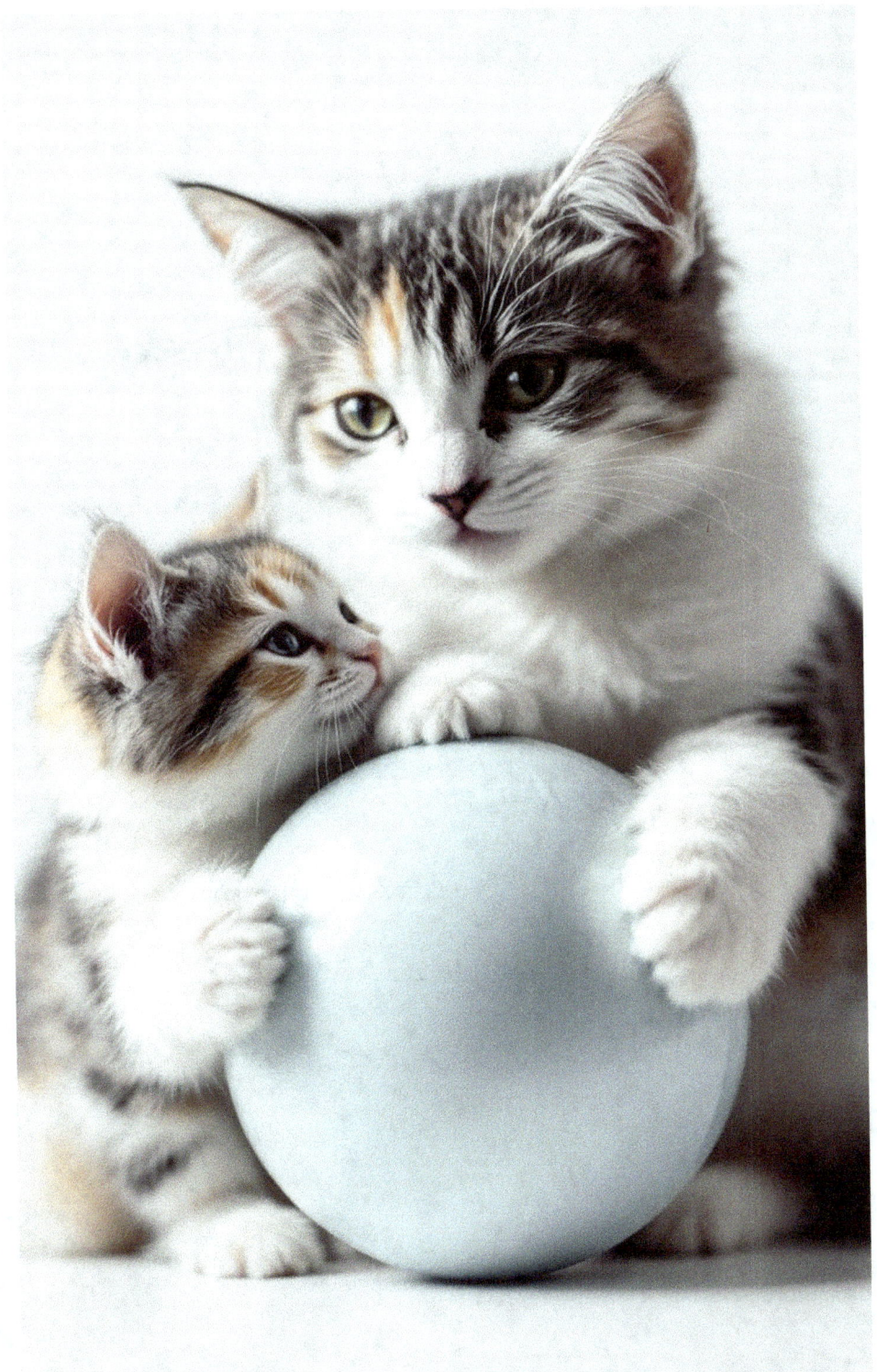

LA ESTRELLA DEL BALCÓN

EN LO ALTO DEL BALCÓN,

SE POSA EL GATO DORMIDO,

CON SU PELAJE ALGODÓN,

Y SU RONQUIDO RENDIDO.

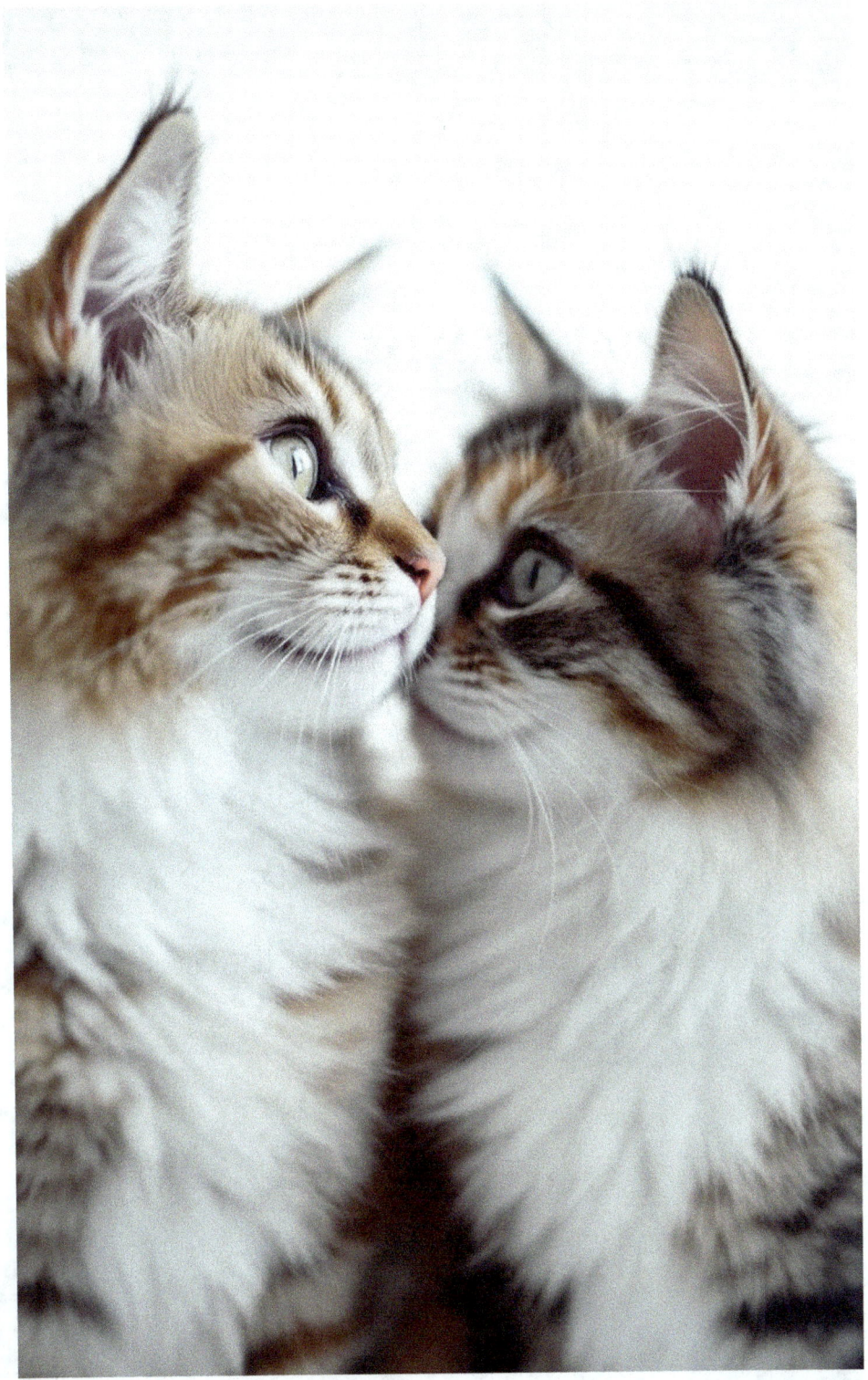

EL GUARDIÁN DE LA NOCHE

BAJO CIELOS ESTRELLADOS,

EL GATO NEGRO VIGILA,

SUS OJOS SON DOS CANDADOS,

QUE EL MISTERIO PERFILAN.

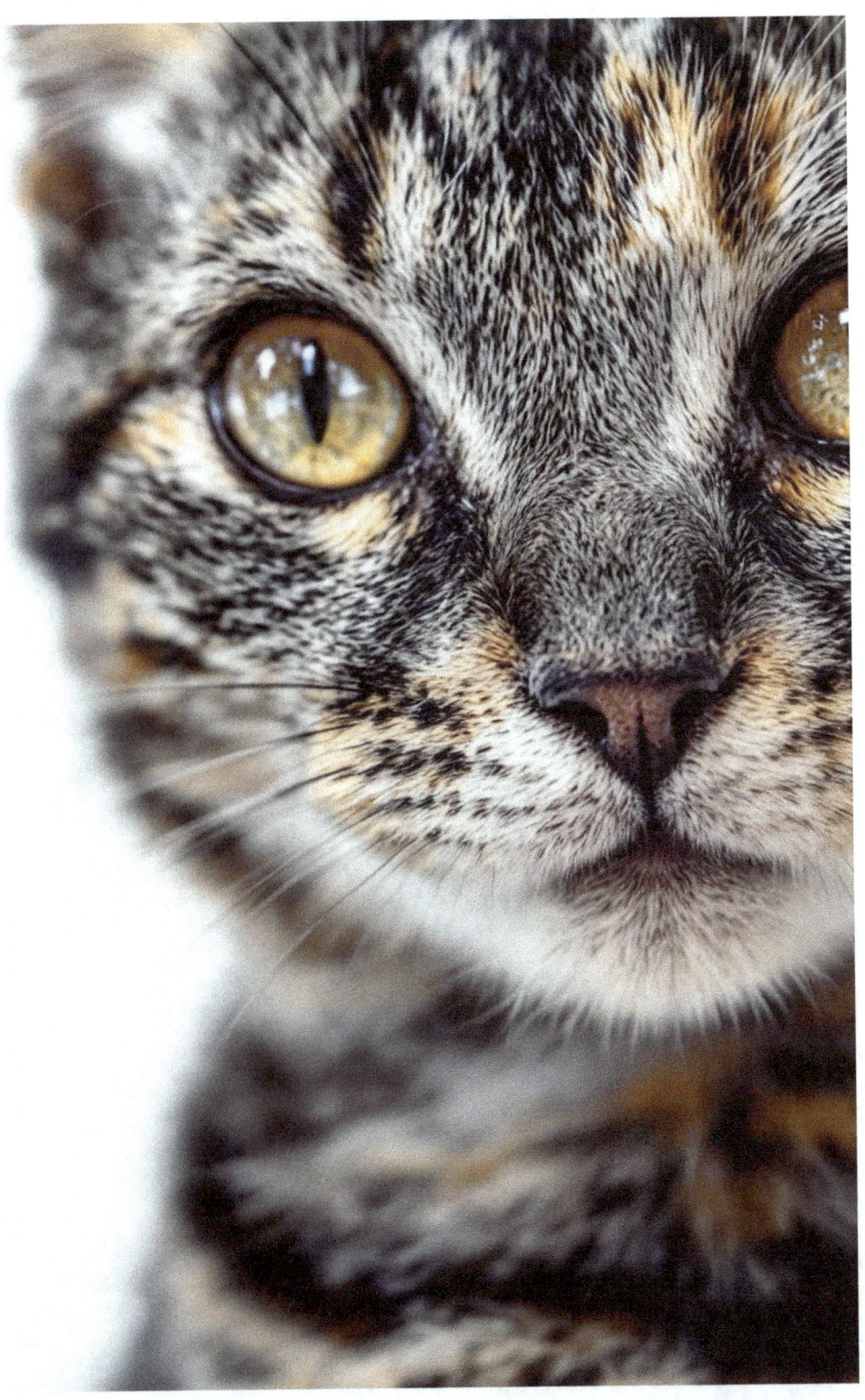

EL SUEÑO ENTRE LAS RAMAS

EN EL ÁRBOL TAN FRONDOSO,

DUERME EL GATO SILENCIOSO,

LA BRISA DANZA ARMONIOSA,

Y SU PAZ ES TAN DICHOSA.

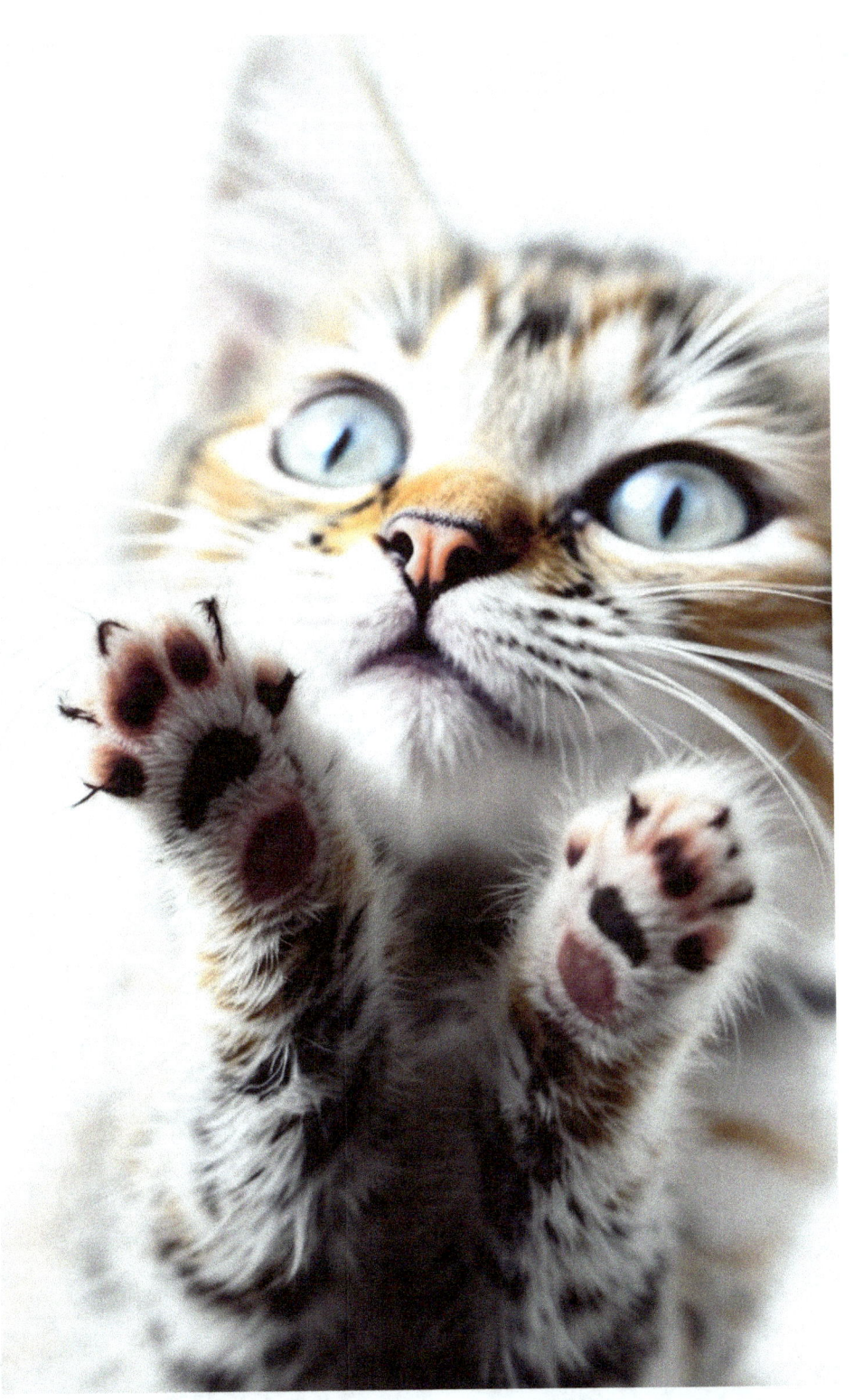

EL CANTO DE LAS HOJAS

CUANDO EL VIENTO LAS AGITA,

LAS HOJAS CANTAN AL GATO,

ÉL SALTA, JUEGA Y PALPITA,

EN SU MUNDO TAN EXACTO.

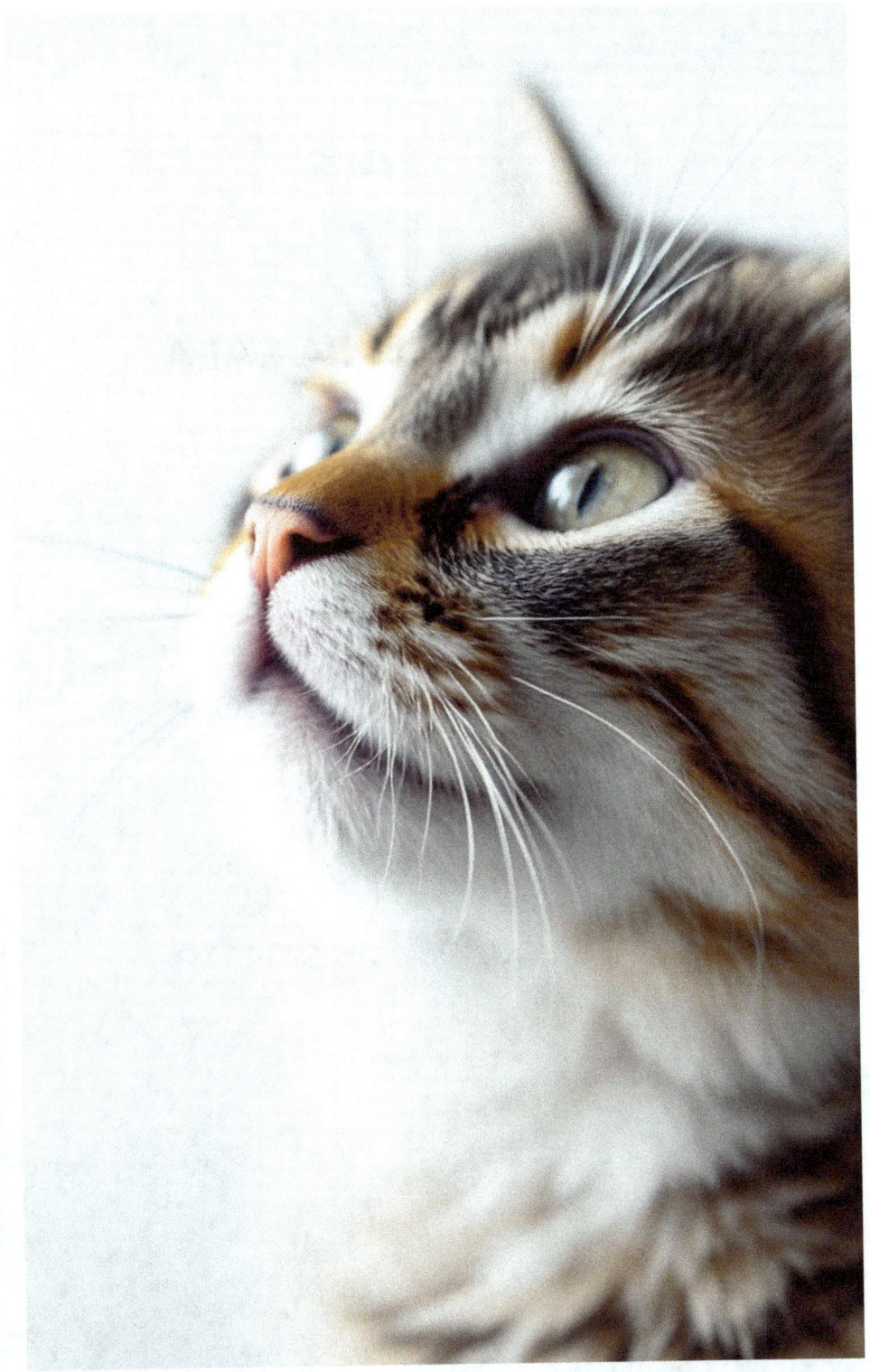

EL RINCÓN DE LA SALA

EN EL RINCÓN OLVIDADO,

SE ENROLLA EL GATO TRANQUILO,

ES UN REFUGIO ENCANTADO,

QUE LE GUARDA SU SIGILO.

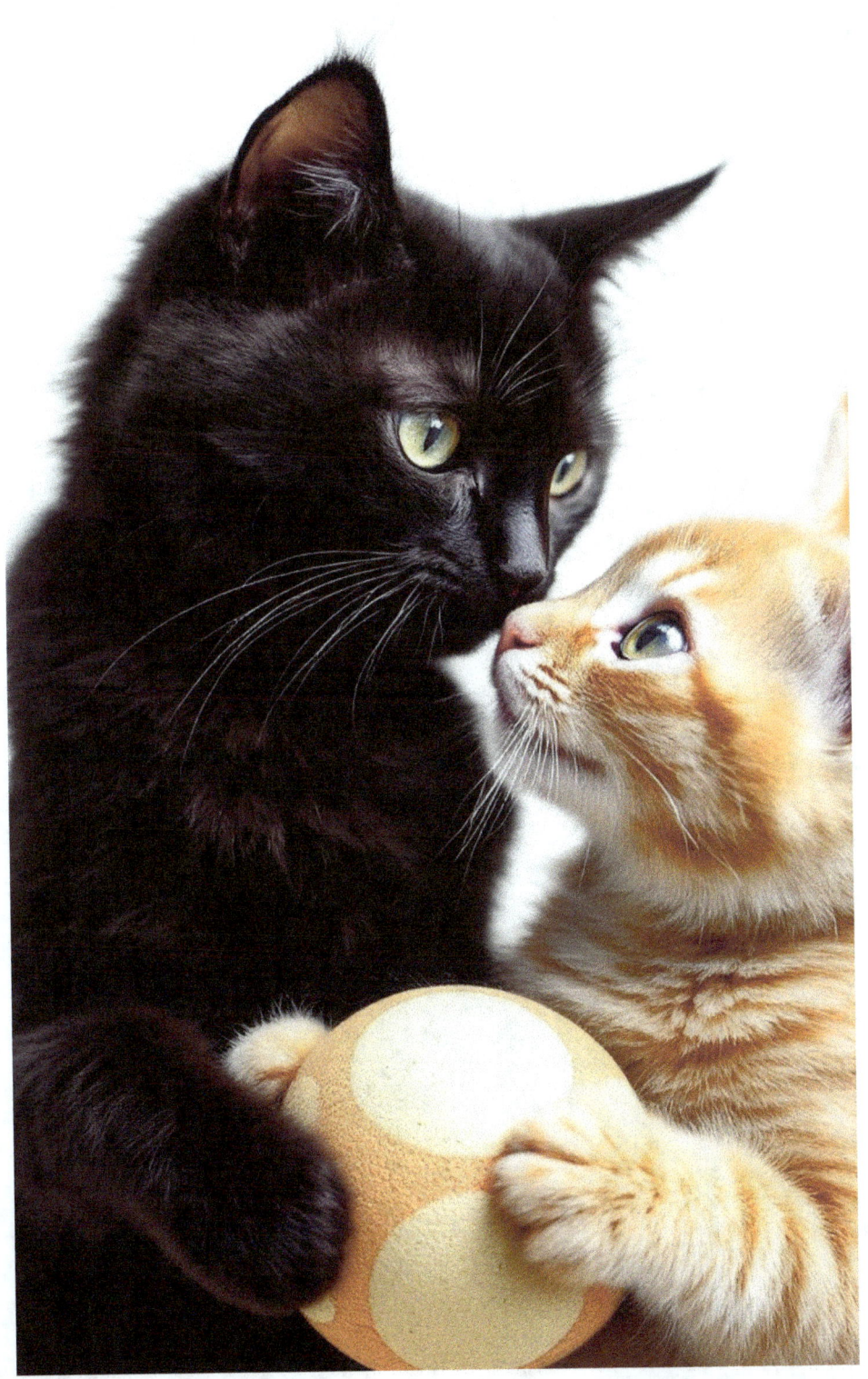

EL ABRAZO DEL SOL

EN EL SUELO ILUMINADO,

SE ESTIRA EL GATO DE DÍA,

SU CUERPO ES UN CANDIL CLARO,

QUE IRRADIA PURA ALEGRÍA.

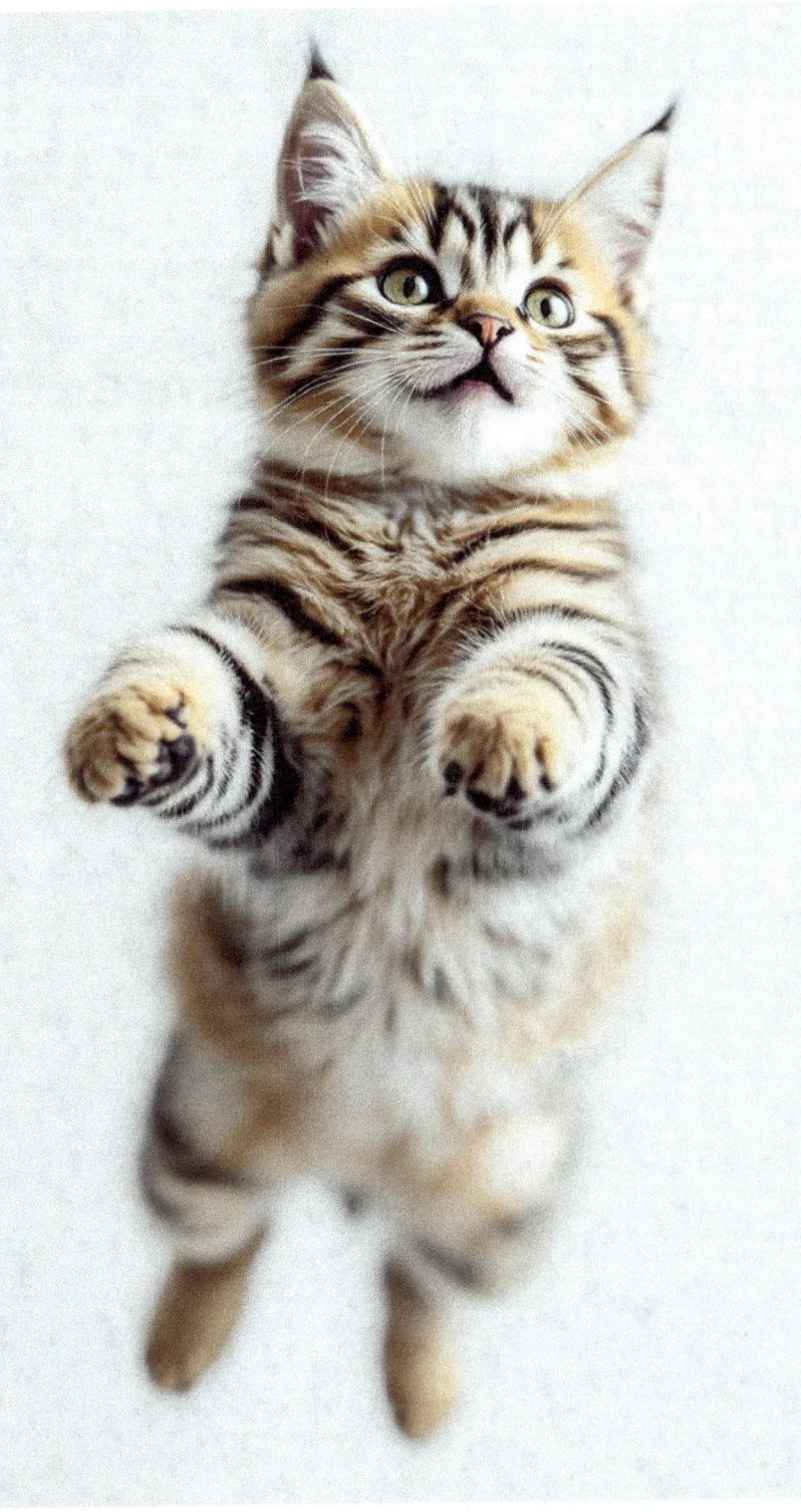

EL SENDERO DEL ALBA

POR LA HIERBA MOJADA,

CAMINA EL GATO PAUSADO,

EN LA BRUMA DESPERTADA,

SU SILUETA QUEDA GRABADO.

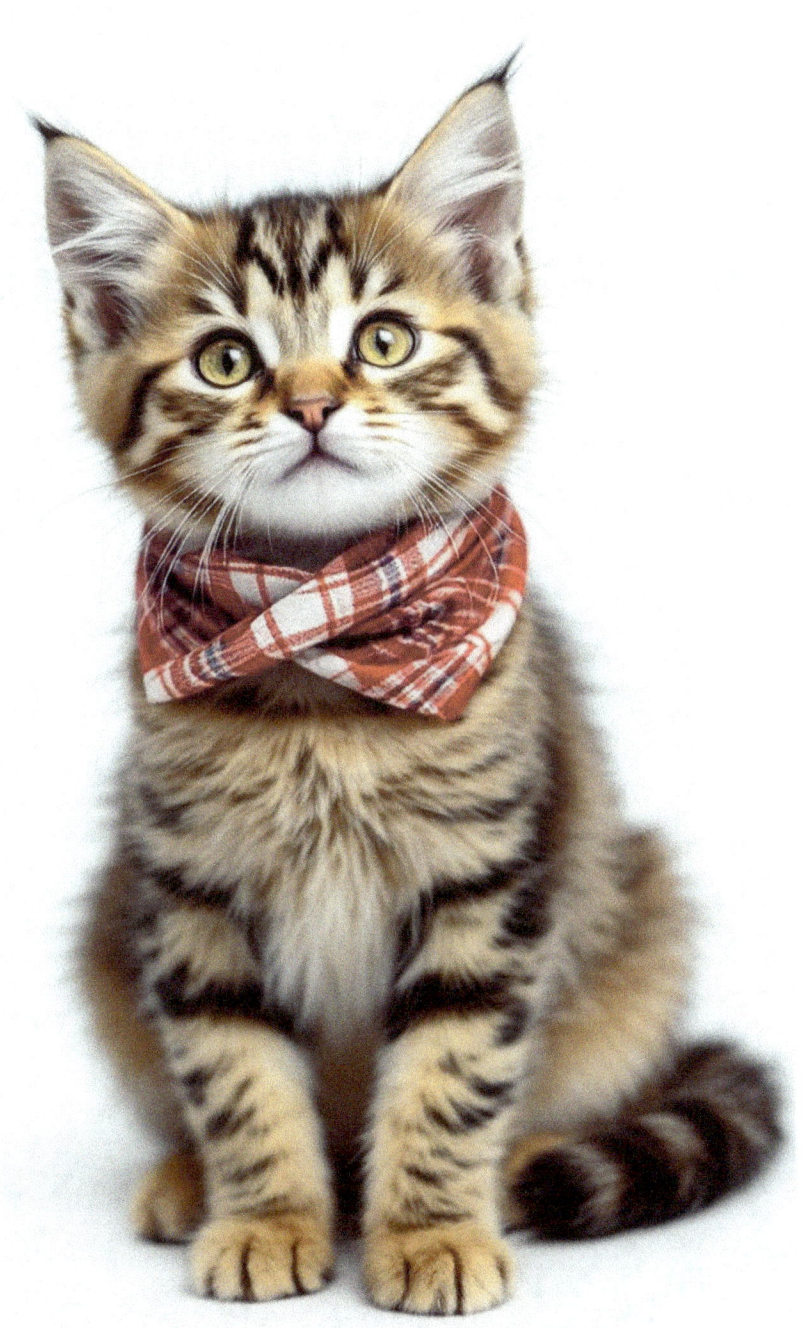

EL GUARDIÁN DE LAS ESTRELLAS

EN LO ALTO DE LA TAPIA,

BAJO UN CIELO SALPICADO,

EL GATO VIGILA EL ALMA,

DEL UNIVERSO CALLADO.

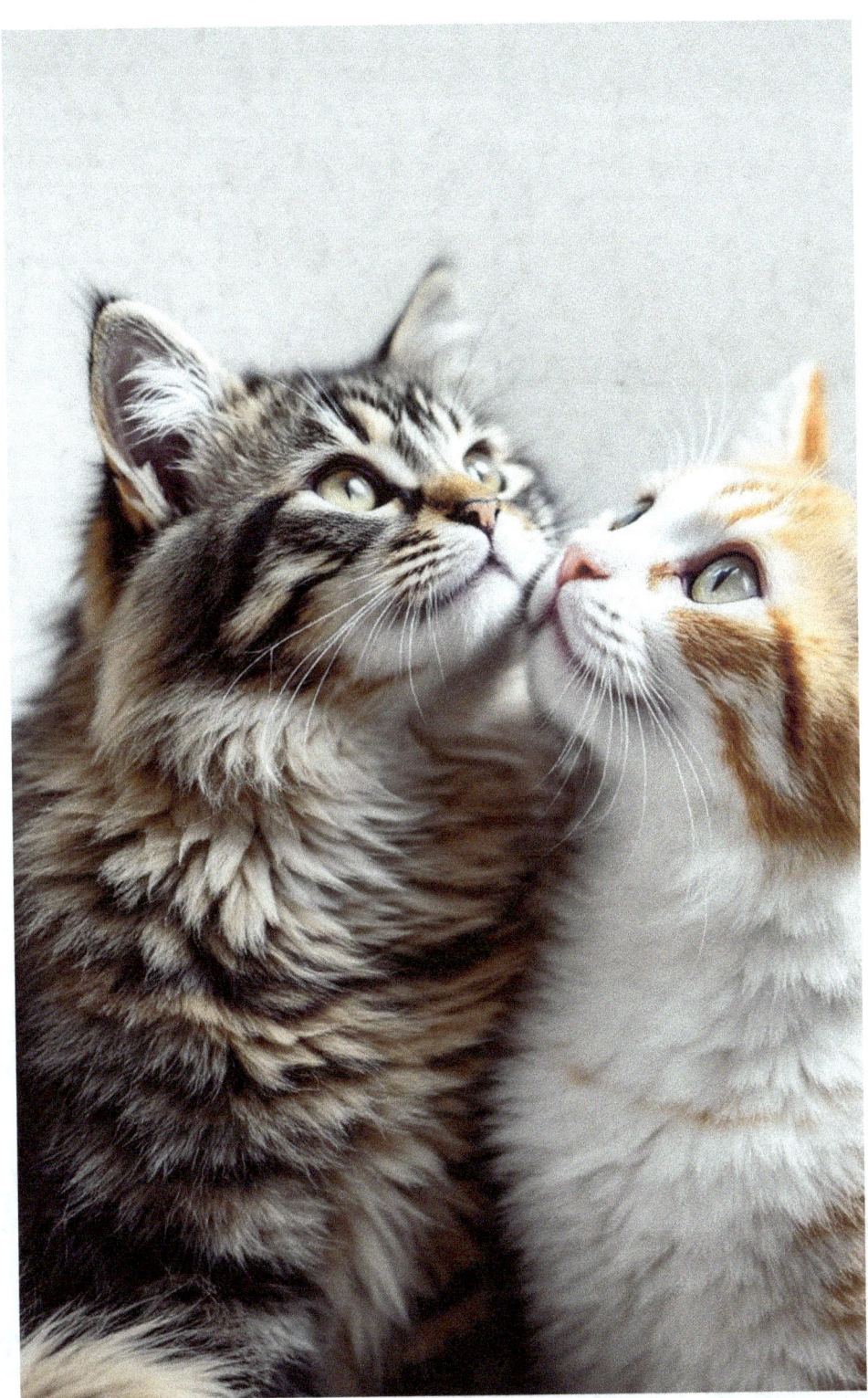

LA CARICIA DEL AIRE

BAJO EL ÁRBOL CENTENARIO,

SE ACURRUCA EL GATO TIERNO,

EL VIENTO ES UN EMISARIO,

DE UN SUSURRO PURO Y ETERNO.

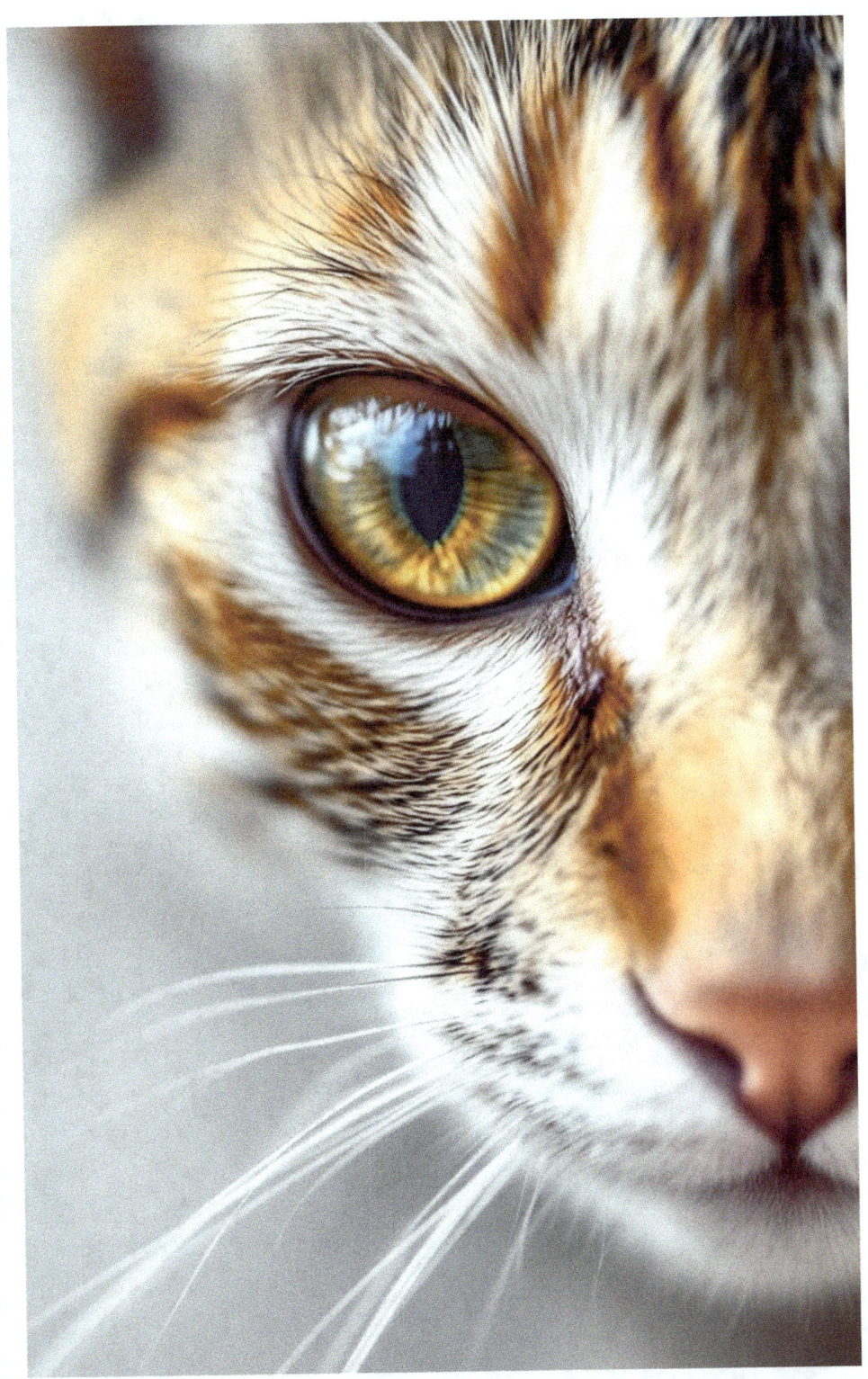

Únase a nuestra comunidad global de amantes de los gatos y celebre el amor incondicional y el compañerismo que nuestros amigos felinos traen a nuestras vidas. Nuestro libro electrónico es una colección de fotografías conmovedoras que capturan la esencia del vínculo especial entre humanos y gatos.

BERTH99.COM

www.ingramcontent.com/pod-product-compliance
Lightning Source LLC
Chambersburg PA
CBHW052208220526
45471CB00004B/1872